"双碳"目标下
铁路绿色发展机制研究

李峰　黄守刚　杨晓乐　王建勋
李卓竟　胡子晗　杨洋　马彦利　著

清华大学出版社
北京

内 容 简 介

本书深入、系统地阐释了铁路运输领域节能、减碳、增效、发展的机制与机理，旨在丰富铁路行业人员的节能减碳知识储备，提升其研究能力。

本书全面梳理了铁路碳排放的关键环节，深入审视了基础设施与装备节能降碳、绿色能源替代降碳、运输方式由公路向铁路转变降碳、固碳补偿等方面的机制、原理、方法与策略；提出了针对铁路运输企业的减碳政策保障措施、针对工矿企业的"公转铁"政策保障措施，以及基于创新理念的科技与管理保障措施。以河北省为例，本书深入分析了"双碳"目标背景下铁路绿色发展的重要性，系统梳理了实现绿色发展的基础条件，并详细列举了河北省在铁路绿色发展方面的代表性工程项目。

版权所有，侵权必究。举报：010-62782989，beiqinquan@tup.tsinghua.edu.cn。

图书在版编目(CIP)数据

"双碳"目标下铁路绿色发展机制研究 / 李峰等著. -- 北京：清华大学出版社，2025.7. -- ISBN 978-7-302-69532-5

Ⅰ.F532.3

中国国家版本馆CIP数据核字第2025ZB4762号

责任编辑：程　洋
封面设计：何凤霞
责任校对：赵丽敏
责任印制：杨　艳

出版发行：清华大学出版社
网　　址：https://www.tup.com.cn，https://www.wqxuetang.com
地　　址：北京清华大学学研大厦 A 座　　　邮　编：100084
社 总 机：010-83470000　　　　　　　　　邮　购：010-62786544
投稿与读者服务：010-62776969，c-service@tup.tsinghua.edu.cn
质量反馈：010-62772015，zhiliang@tup.tsinghua.edu.cn
印 装 者：三河市春园印刷有限公司
经　　销：全国新华书店
开　　本：170mm×240mm　　印　张：12.25　　字　数：218 千字
版　　次：2025 年 7 月第 1 版　　　　　　印　次：2025 年 7 月第 1 次印刷
定　　价：89.00 元

产品编号：111532-01

前言

《交通强国建设纲要》由中共中央、国务院颁布，该纲要对我国交通建设的未来发展进行了顶层设计与系统规划，勾勒出新时代交通运输发展的宏伟蓝图，承载了我国交通行业从业者的强国梦想。在"铁路强国"战略的背景下，除追求高速度和大轴重之外，铁路发展亦致力于实现绿色生态的目标。绿色铁路的内涵特征体现为生态友好、节能清洁、集约高效以及可持续性强，通过将自身绿色优势与绿色发展目标相结合，落实绿色发展要求，旨在实现从规划设计、工程施工、装备制造、行车组织到运营维护的全生命周期、全产业链的绿色发展与可持续发展。

在铁路绿色发展的背景下，相关企业加速推进基础设施建设，实施清洁能源机车的改造工程，持续优化运输装备并提升信息化水平。在构建现代交通运输服务业的进程中，相关企业增加新能源的使用比例，以提高整体能源利用效率。铁路绿色发展策略引导相关企业实现产业升级并转变发展战略，有效减少运营成本，增强核心竞争力。本研究作为河北省社会科学发展研究课题（课题编号：20230203029）的成果之一，对铁路绿色发展进行了一次全面、深入和系统的研究，并分析了河北省铁路绿色发展的实践成果，预期该研究成果将为全国和河北省实现"双碳"目标提供积极的参考价值。

本书深入探讨了国家层面的"双碳"战略与河北省"碳减排"现状，系统阐述了河北省铁路行业绿色发展的紧迫性与实施可能性；详细梳理了铁路碳排放的关键环节，并全面审视了基础设施与装备节能降碳、绿色能源替代降碳、运输方式由公路向铁路转变降碳、固碳补偿等方面的机制、原理、方法与策略；提出了针对铁路运输企业的减碳政策保障措施、针对工矿企业的"公转铁"政策保障措施，以及基于创新理念的科技与管理保障措施。河北省作为我国铁路绿色发展的示范省份，本书以该省为例，深入分析了"双碳"目标背景下铁路绿色发展的重要性，系统梳理了实现绿色发展的基础条件，并详细列举了河北省在铁路绿色发展方面的代表性工程项目。

本书共十章。第一章 绪论；第二章 铁路绿色发展机制机理；第三章 铁路"基础设施节能"减碳机制；第四章 铁路"移动装备节能"减碳机制；第五章铁路"绿色能源替代"减碳机制；第六章　铁路"线路末端开发"减碳机制；第七章　铁路建设项目固碳机制；第八章　铁路绿色发展的政策保障；第九章　铁路绿色发展创新研究展望；第十章　河北省铁路绿色发展实践。其中，第一章、第六章、第七章、第十章由河北建投交通投资有限责任公司李峰负责撰写；第二章由和邢铁路有限责任公司王建勋负责撰写；第三章第一节、第二节由北京交通大学杨洋负责撰写；第三章第三节、第四节由北京康安仁泽科技有限公司马彦利负责撰写；第四章由河北建投交通投资有限责任公司杨晓乐负责撰写；第五章由河北建投交通投资有限责任公司李卓竟负责撰写；第八章由河北建投交通投资有限责任公司胡子晗负责撰写；第九章由石家庄铁道大学黄守刚负责撰写。全书统稿由李峰、黄守刚负责。

本书对铁路绿色发展的必要性、机制机理、政策保障等进行了系统阐述，为全国铁路系统的规划与设计、施工过程控制、经济运营策略以及节能环保措施提供了理论指导和实践参考。

在本书撰写过程中，得到了国家铁路局装备技术中心金龙、北京交通大学袁振洲、石家庄铁道大学陈进杰、河北建投交通投资有限责任公司吴会江、邯黄铁路有限责任公司商霖的指导与帮助，在此表示衷心感谢。限于著者水平，本书必有疏漏之处，恳请批评指正。

全体著者
2024 年 8 月

目 录

第一章　绪论　1
第一节　国家"双碳"战略　1
一、全球气候整体形势　1
二、中国碳排放与能源利用现状　1
三、中国应对战略　3
第二节　铁路减碳优势及低碳化政策　5
一、铁路在各种运输方式中的减碳优势　5
二、铁路的客货吸引形成新的碳效益　5
三、铁路低碳化政策　6
第三节　铁路绿色发展研究的基本方法与路线　10
一、机制研究为减碳体系的构建奠定基础　10
二、机理研究为减碳技术的应用指明方向　10
三、"源—网—车—储"一体化理念贯穿于绿色发展全过程　10
四、"自洽"理念是绿色发展的重要体现　11
五、绿色发展贯穿于铁路全生命周期　11
六、节能低碳覆盖铁路全产业链　12
参考文献　12

第二章　铁路绿色发展机制机理　13
第一节　铁路碳排放关键环节分析　13
一、能源消耗与碳排放关键环节　13
二、绿电应用关键环节　15
三、绿化关键环节　16
第二节　铁路设施装备节能减碳机制机理　16
一、固定设施建造与移动装备制造　16
二、固定设施与移动装备维护　17
三、移动装备运用　17
四、耗能设备运用　17
五、多系统耦合　18

第三节　绿色能源替代减碳机制　　18
一、牵引用能的绿色化　　18
二、车站用能的绿色化　　18
三、维护装备用能的绿色化　　19
四、监测用能的绿色化　　19

第四节　基于"公转铁"的运输方式改变减碳机制　　20
一、线路末端的低碳低成本开发机制　　20
二、线路末端的低碳低成本运输机制　　21
三、避免财政负担的线路末端政策激励机制　　21
四、线路末端在全社会减碳中的牵引机制　　21

第五节　基于固碳的碳补偿减碳机制　　22
一、减少绿地占用固碳机制　　22
二、降低施工所致固碳能力损失机制　　22
三、提升绿化固碳能力机制　　23
四、多系统和谐统一提升固碳能力综合机制　　23

参考文献　　23

第三章　铁路"基础设施节能"减碳机制　　24
第一节　基础设施节能现状　　25
一、线路设施　　25
二、站场设施　　25
三、站房设施　　25
四、照明与服务设备　　26
五、施工与维护　　27

第二节　线站节能减碳机制　　29
一、线路节能坡减碳机制　　29
二、车站辅助设备节能减碳机制　　30
三、工程原材料选择　　34

第三节　结构施工与维护低碳化　　35
一、施工工艺与方案低碳化　　35
二、施工与维护装备低碳化　　36

第四节　大宗工程物资运输节能减碳　　38
一、铁路工程大宗物资运输特征　　38
二、铁路工程大宗物资分类　　40

目 录

　　　三、铁路工程大宗物资低碳运输方案和优化机理　　40
　参考文献　　42

第四章　铁路"移动装备节能"减碳机制　　44
　第一节　铁路列车节能现状　　44
　　　一、车体设计节能　　44
　　　二、列车运用节能　　46
　　　三、大型养路机械的节能或油改电　　47
　　　四、智能化技术节能　　47
　第二节　机车节能减碳机制　　47
　　　一、政策导向　　47
　　　二、电力牵引系统　　48
　　　三、内燃牵引系统　　50
　　　四、机车能源替代　　52
　　　五、老旧型铁路内燃机车淘汰　　53
　第三节　车体节能减碳机制　　54
　　　一、车体轻量化　　55
　　　二、列车流线化　　59
　第四节　列车操纵节能减碳机制　　63
　　　一、列车运行特性与能耗分析　　63
　　　二、列车节能操纵　　64
　第五节　列车优化运行节能减碳机制　　67
　　　一、运行组织优化　　67
　　　二、运行图优化　　68
　第六节　大型养路机械节能减碳机制　　69
　　　一、节能减碳策略　　70
　　　二、能源方式改变　　71
　参考文献　　71

第五章　铁路"绿色能源替代"减碳机制　　75
　第一节　基于直供电的绿电应用策略　　75
　　　一、绿电直供的优势及国家规划　　75
　　　二、铁路车站绿电直供　　76
　　　三、铁路车站光伏发电应用　　77
　　　四、铁路车站风电直供　　79

V

第二节　铁路沿线分布式光伏直供策略 　　81
　　一、分布式光伏布置形式 　　81
　　二、分布式光伏直供 　　83
第三节　其他方面 　　85
　　一、牵引供电的绿色能源替代 　　85
　　二、加强企业发电与铁路用电的内循环 　　86
　　三、货物低碳装卸 　　87
　　四、新能源管控系统建设 　　88
参考文献 　　91

第六章　铁路"线路末端开发"减碳机制 　　93
第一节　线路末端开发的必要性与可行性 　　93
　　一、"公转铁"的基本现状 　　93
　　二、"公转铁"存在的问题 　　94
　　三、专用线建设的必要性 　　94
　　四、专用线建设的可行性 　　95
第二节　地方铁路专用线低碳建设策略 　　96
　　一、建设思路 　　96
　　二、材料选型策略 　　97
　　三、铁路专用线对城市切割的规避策略 　　98
第三节　地方铁路专用线综合效益分析方法 　　99
　　一、铁路专用线全生命周期成本分析 　　99
　　二、铁路专用线全生命周期效益分析 　　101
第四节　企业自建铁路专用线的政策激励策略 　　106
　　一、政府激励政策 　　106
　　二、市场激励政策 　　107
参考文献 　　108

第七章　铁路建设项目固碳机制 　　109
第一节　铁路建设项目固碳能力损失 　　109
　　一、固碳能力损失的表现形式 　　109
　　二、固碳能力损失主要方面 　　110
　　三、固碳能力损失量 　　111
第二节　铁路建设项目固碳能力降损机制 　　113
　　一、基于固碳理念的生态脆弱区环保选线 　　113

二、基于固碳理念的施工优化设计　　114
　　三、基于固碳理念的排水系统设计　　115
　　四、废弃物资源化　　116
　　五、弃渣场选址优化　　117
　　六、与其他交通设施共用通道　　118
第三节　铁路建设项目固碳能力补偿　　119
　　一、原地固碳补偿　　119
　　二、沿线生态廊道固碳补偿　　120
　　三、异地固碳补偿　　121
参考文献　　122

第八章　铁路绿色发展的政策保障　　124
第一节　铁路运输企业减碳政策保障　　124
　　一、综合交通运输碳排放评估策略　　124
　　二、铁路运输企业转型升级的政策支持策略　　128
第二节　重点工矿企业"公转铁"政策保障　　133
　　一、工矿企业专用线建设政策保障　　133
　　二、工矿企业"公转铁"政策引导　　134
　　三、专用线联合开发的政策支持　　135
　　四、重点物资"公转铁"政策补贴　　138
第三节　轨道交通"四网融合"的政策保障　　141
　　一、轨道交通"四网融合"的提出　　141
　　二、轨道交通"四网融合"的减碳效益　　142
　　三、轨道交通"四网融合"的政策保障　　143
参考文献　　143

第九章　铁路绿色发展创新研究展望　　145
第一节　政策创新研究展望　　145
　　一、新建铁路专用线项目立项决策理论与程序研究　　145
　　二、铁路运输企业碳排放评估指标体系与标准研究　　146
　　三、铁路运输低碳引领机制体系与政策激励研究　　147
　　四、专用线效益驱动下的产业集群开发模式与政策引导研究　　148
　　五、穿越生态区铁路的固碳补偿政策研究　　150
　　六、铁路运输企业低碳化金融支持政策研究　　151
　　七、铁路专用线—市郊铁路开行公交化列车的政策研究　　152

第二节　管理创新研究展望　153
一、铁路专用线建设标准研究　153
二、铁路专用线接轨国铁路网的运营管理方法研究　154
三、铁路线路末端资产经营管理方法研究　155

第三节　技术创新研究展望　156
一、产业园区铁路专用线的建设模式与线路设计方法研究　156
二、铁路—能源融合发展研究　157
三、零碳车站关键技术研究　158
四、绿电—生态—智能融合铁路运维综合技术研究　159
五、低成本—低碳—低速铁路建设综合技术研究　160
六、固碳能力补偿机制下铁路建设模式研究　161

第十章　河北省铁路绿色发展实践　163

第一节　河北省"双碳"形势　163
一、河北省能源消费整体情况　163
二、河北省能源消费结构　163
三、河北省碳减排形势　167

第二节　河北省铁路及碳排放现状　167
一、河北省境内铁路概况　167
二、河北省铁路碳排放现状　169
三、河北省绿色铁路发展潜力巨大　174

第三节　河北省铁路绿色发展基础　174
一、河北省电力能源结构　174
二、河北省绿电产业现状　177
三、河北省铁路绿电融合发展　180

第四节　河北省铁路绿色发展典型范例　181
一、雄安站光伏发电　181
二、崇礼铁路绿化设计　182
三、铁路专用线　182
四、"公转铁"综合案例　183

参考文献　184

第一章 绪 论

第一节 国家"双碳"战略

一、全球气候整体形势

工业革命以来,科学技术的飞速发展、工业化进程的不断加快和经济利益的强力驱动,使得人类获得了越来越强大的改造自然的力量,并以此为工具进行了一系列活动,以谋求经济、军事和政治等各方面的发展。伴随着工业的不断进步和发展,以二氧化碳为代表的温室气体排放量急剧增长,生态环境遭受到前所未有的破坏,带来了一系列的生态环境问题,如引发了以全球变暖为突出标志的温室效应,并且迅速从小范围、局部性发展为区域性、全球性问题,其已经成为严重破坏自然生态平衡、严重影响经济社会发展和严重威胁人类生活环境的世界普遍存在的问题之一,引起了各国的重视,成为科学界高度关注的研究课题。在当代,环境问题逐渐超越国家、民族、社会制度和经济制度,超越宗教、文化和意识形态,成为事关人类生死存亡并且带有普遍意义的全球性问题。[1] 由此可见,全球生态问题已经成为全人类共同面临的严重危机。

二氧化碳排放加剧的主要原因之一是化石燃料的大规模、无节制使用。从社会、经济等的影响角度,各国应该立即采取各类有效措施进行减碳减排,否则气候变化对全球经济和社会发展带来的影响将不可估量。气候变化所带来的危害巨大,并将影响到全球人类饮用水获取、粮食生产、健康状态和居住环境等基本生活要素,是全人类共同面临的严峻挑战。

二、中国碳排放与能源利用现状

1. 碳排放现状

随着我国城市化、工业化、现代化进程的不断加快,在经济迅猛发展和能耗快速增加的同时，高能源投入、低效率利用和低附加值产出使得我国无论是碳排放总量、人均碳排放量还是碳排放强度均居高不下，造成了诸多的能源和环境问题。

我国二氧化碳排放量快速增长并不仅仅是由能源活动的化石燃料消费导致，还包括工业生产活动、土地利用变化和林业活动等。能源活动主要是指工业、交通、商业、民用和其他部门的能源生产与加工转换过程，能源活动所产生的二氧化碳占据了二氧化碳总排放量的绝大部分，且主要来自化石燃料的燃烧。在能源活动分行业排序中，碳排放量前三位分别是工业、建筑业和交通运输业。[2]工业生产活动是指钢铁、石灰、水泥和电石等工业产品的生产过程。土地利用变化和林业活动则是指对二氧化碳的吸收。

2. 能源结构分析

能源结构是指一次能源总量中各种能源的构成及其比例关系。《新时代的中国能源发展》白皮书中指出：能源是人类文明进步的基础和动力，攸关国计民生和国家安全，关系人类生存和发展，对于促进经济社会发展、增进人民福祉至关重要。新中国成立以来，在中国共产党领导下，中国自力更生、艰苦奋斗，逐步建成较为完备的能源工业体系。改革开放以来，中国适应经济社会快速发展需要，推进能源全面、协调、可持续发展，成为世界上最大的能源生产消费国和能源利用效率提升最快的国家。

中国作为世界上最大的能源生产消费国和能源利用效率提升最快的国家，基本形成了煤、油、气、电、新能源和可再生能源多轮驱动的能源生产体系。其中，煤炭仍是保障能源供应的基础能源，原油生产保持稳定，天然气产量明显提升，电力供应能力持续增强，可再生能源开发利用规模快速扩大，能源消费结构向清洁低碳加快转变。

3. 能源开发利用现状分析

我国能源总体呈现"富煤、乏油、少气"的特点，虽具有储藏总量居世界第三位的煤炭资源，但是人均拥有和可支配量相对较低；石油和天然气在我国属于相对匮乏的能源，人均拥有量更低，仅分别约为世界平均水平的 7.7% 和 7.1%。随着社会、经济的持续发展，能源约束呈现越来越紧张的局面。

煤炭资源总量位居世界第三，但是存在区域分布不均、人均拥有量低、制约因素复杂等约束。国内煤炭资源储量可观，国际煤炭市场供应也较为充足，但因其消耗速度较快且碳排放数量较大，应当加以控制。

石油资源相对匮乏，勘探等技术尚不成熟，因此国内石油仅作为后备资源，大部分依赖进口，对外依存率较高。石油作为一种特殊存在的资源，不仅是能源物资，也是重要的战略物资，中国长期以来的高石油对外依存度直接影响到国家能源安全。

天然气的开发和利用发展迅速，天然气相对于石油和煤炭具有相对较低的碳排放量，国家对低碳经济采取鼓励政策，加之天然气管道建设日益完善、天然气消费市场进一步发展，未来将会迎来较大发展空间。近年来，我国天然气无论是国内市场还是国外进口，均有一定的发展空间。

水力资源十分丰富且分布广泛，具备水力发电的天然优势。我国在水电建设方面，无论是坝工筑造技术、水电设备技术还是工程技术人才储备，都已经具备了较高的水平并积累了丰富的经验，为完成水电发展计划和实现对应目标打下了坚实的基础。

我国铀资源丰富，是核能发展潜力巨大和发展前景良好的国家。经济合作与发展组织和国际能源署评估结果显示，核能的发电成本远低于煤发电和天然气发电。因此，我国的核电产业相对于煤电具备一定的经济竞争力和较好的发展前景。

太阳能是一种可再生能源，我国具备良好的太阳能资源条件。随着光伏发电技术的成熟、产业和市场规模的增大、光电转化效率的提高，其已经具备技术、成本和环境优势而成为重要的能源供应来源。风能是空气流动所产生的动能，是太阳能的一种转化形式，其储量大、分布广；随着政策的倾斜、风电网络的建成和产业体系的发展，风能已经成为一种重要的能源。

三、中国应对战略

中国作为世界上最大的发展中国家，同时也是世界上最大的能源消费国，是参与全球能源治理的重要参与方和制定国际气候制度的重要决策者，必须坚定不移地积极应对全球气候变化，坚持走低碳发展的道路，提早谋划以能源转型发展和低碳节能发展的方向与路线，统筹推进经济社会可持续发展。党的二十届三中全会指出，要"完善生态文明基础体制""健全生态环境治理体系""健全绿色低碳发展机制"。

低碳经济是一个具有创新性、全局性、战略性、全球性的概念，是一场囊括国家政治经济权益权衡、社会生产生活方式改变和人类生存价值观念改变的大范围、全球性变革。低碳经济的目标是可持续发展，经济增长和科学发展是有极限的，资源的开发和利用也是有限度的，考虑生态系统的消化能力和承载能力，就必须坚持经济、社会、生态等的可持续发展。低碳经济和可持续发展相互依赖，互为依存，只有不断推进低碳经济的发展，才能促进人与自然和谐发展、经济与环境融合发展，才能实现经济、社会和生态的可持续发展。

中国实现经济社会可持续发展就必然要走绿色低碳发展道路。中国目前正处于发展的关键阶段，发展与减排要两手抓，要保证经济平稳快速发展，还要着力做好节能减排工作。随着工业化、城镇化等的发展和变革，居民生产生活消费模式逐渐转变，资源环境短板日趋显现，与能源相关的科学技术等发生了重大变化，发展方式转型、产业结构调整和能源结构改变也趋向深入。能源结构调整主要是指要逐步改变我国以煤炭作为主要能源消费对象的现状，向石油、天然气等碳排放相对较小的化石能源倾斜，同时大力发展清洁能源替代化石能源，推动能源供给革命、技术革命和体制革命；产业结构调整主要是指要逐渐调整我国长期以来以第二产业为主和第二产业中工业占据较大份额的现实，大力发展第三产业以减轻我国面临的减排压力。

为了应对全球气候变化问题，中国政府在 2014 年将"应对全球气候变化及绿色低碳发展"作为中国"十三五"规划前期的重大研究课题之一。[3] 2015 年 10 月，党的十八届五中全会通过了《中共中央关于制定国民经济和社会发展第十三个五年规划的建议》，规划中明确指出："推进能源革命，加快能源技术创新，建设清洁低碳、安全高效的现代能源体系"。[4] 此后的 2020 年 9 月 22 日，国家主席习近平在第 75 届联合国大会上宣布，中国力争 2030 年前二氧化碳排放达到峰值，2060 年前实现碳中和；[5] 并针对"双碳"目标召开了一系列会议和出台了一系列政策，为实现绿色发展保驾护航。其中《2030 年前碳达峰行动方案》明确了包括能源绿色低碳转型行动、节能降碳增效行动、工业领域碳达峰行动、城乡建设碳达峰行动、交通运输绿色低碳行动、循环经济助力降碳行动、绿色低碳科技创新行动、碳汇能力巩固提升行动、绿色低碳全民行动、各地区梯次有序碳达峰行动等在内的"碳达峰十大行动"[5]。

第二节 铁路减碳优势及低碳化政策

一、铁路在各种运输方式中的减碳优势

在众多运输方式中,铁路运输在降低碳排放方面具有显著优势,其单位运输量所产生的碳排放量显著低于公路和航空运输。依据《2006 IPCC 国家温室气体清单指南》中关于移动源燃烧产生的二氧化碳排放量的核算方法,文献 [6] 对黑龙江省多个交通集团进行了广泛的样本调研,并对各类公共交通工具的人千米碳排放系数进行了量化分析。研究结果显示,不同交通工具的二氧化碳排放因子分别为:高速铁路 0.0295kgCO_2/(人·km),普速铁路 0.0214kgCO_2/(人·km),地铁 0.0457kgCO_2/(人·km),公交车 0.0274kgCO_2/(人·km),大巴车 0.0210kgCO_2/(人·km),中(小)巴车 0.0302kgCO_2/(人·km)。

有研究表明,铁路运输每吨公里的货物所产生的碳排放量仅为公路运输的 1/7。这表明在同等运输量的情况下,铁路运输的碳排放量远低于公路运输。进一步而言,铁路运输每增加 1 亿吨货物的运输量,可减少碳排放量达 270 万吨。

根据欧洲铁路工业联盟的数据,公路运输所产生的二氧化碳排放量约占全部交通方式的 71%,而铁路运输的排放量仅占约 2%,尽管如此,铁路运输却完成了 10% 的运输量。

从人均千米运输成本的角度来看,公交车的能量消耗成本是铁路的 2 倍,航空运输是铁路的 4 倍,而汽车运输则是铁路的 6 倍;同时,公交车的二氧化碳排放量是火车的 3.5 倍,航空是铁路的 6 倍。

上述数据充分证明了铁路运输在减少碳排放方面的显著优势,并揭示了铁路运输在推动绿色低碳运输、助力实现"碳达峰、碳中和"目标中的关键作用。

二、铁路的客货吸引形成新的碳效益

铁路作为国家关键的交通基础设施,具备运载量大、运输稳定、速度快、成本低廉以及对环境影响小等诸多优势。它是一种资源节约型和环境友好型的运输方式,亦是"生态优先、绿色发展"战略的主要实践领域。通过运输结构的优化,铁路能够发挥绿色低碳的先锋作用,降低全社会的物流成本,并提高物流效率。

铁路运输的低廉运费能够吸引更多的乘客和货物,进而提升铁路的碳效益。低廉的运费使得铁路在运输市场上更具竞争力,能够吸引更多的乘客和货物选择铁路

运输方式。鉴于铁路运输本身具有运载量大、成本低、绿色低碳等特点，低廉的运费进一步强化了这些优势。这种选择不仅降低了运输成本，还减少了对公路和航空等其他高碳排放运输方式的依赖，有助于降低整体的碳排放量。

随着客流量和货流量的增加，铁路的运输效率亦将得到提升。铁路部门可以通过优化运输组织、提升列车运行效率等措施，进一步降低单位运输的碳排放。同时，铁路部门还可以积极推广集装箱多式联运等先进的运输模式，提高物流效率，减少不必要的碳排放。

铁路的低碳环保优势同样是吸引客货流量的重要因素之一。在当前社会，越来越多的人和企业开始重视环保与可持续发展，选择低碳环保的运输方式已成为一种趋势。因此，运费低廉的铁路不仅能够吸引更多客货流量，还能够进一步提升铁路的碳效益，为构建绿色交通体系作出更大的贡献。

三、铁路低碳化政策

2024年2月5日，国家铁路局联合国家发展改革委、生态环境部、交通运输部和国铁集团共同发布《推动铁路行业低碳发展实施方案》（以下简称《低碳方案》），旨在加速推进新时代下铁路的绿色低碳发展。《低碳方案》提出了我国铁路低碳发展的基本原则。

1. 坚持统筹推进

《低碳方案》提出，要围绕碳达峰碳中和目标和铁路绿色低碳发展需要，加强顶层设计，坚持上下联动，统筹推进铁路领域全寿命周期节能减排降碳扩绿各项工作。《低碳方案》还提出，要加强政府主导，发挥市场引领作用，鼓励铁路企业开展绿色低碳行动。

首先，坚持统筹推进的策略要求全面审视并协调铁路领域节能减排降碳扩绿的各项工作。在铁路全寿命周期的规划、设计、建设、运营、维护等环节中，必须确保各环节的衔接与协调，以形成整体推进的合力。这需要政府、企业及社会各界的共同参与，构建起上下联动、部门协同的工作格局。

其次，加强顶层设计是实现统筹推进的核心。顶层设计需明确铁路绿色低碳发展的目标、路径和措施，为铁路领域的节能减排降碳扩绿工作提供指导和依据。通过制定科学合理的政策、法规和标准，引导铁路行业向绿色低碳方向转型，推动铁路领域碳达峰碳中和目标的实现。

同时，坚持上下联动，确保政策落实和效果显现。上下联动意味着中央政府与地方政府、政府与企业之间需形成良好的互动机制。中央政府需加强政策引导和资金支持，地方政府需结合实际情况制定具体实施方案，企业需积极响应政策号召，开展绿色低碳行动。通过上下联动，确保铁路领域节能减排降碳扩绿工作的顺利推进和取得实效。

此外，加强政府主导，发挥市场引领作用。政府在推动铁路绿色低碳发展中起着主导作用，需制定和完善相关政策法规，加强监管和考核，确保各项措施得到有效执行。也要发挥市场的引领作用，通过市场机制激励铁路企业开展绿色低碳行动。例如，可以通过碳交易、绿色金融等手段，引导铁路企业加大绿色低碳技术的研发和应用，降低碳排放强度。

最后，鼓励铁路企业开展绿色低碳行动是统筹推进的重要一环。铁路企业需积极响应国家号召，加强内部管理和技术创新，提高能源利用效率，降低碳排放强度。同时，也需加强与政府、科研机构等各方面的合作与交流，共同推动铁路绿色低碳发展取得新的、更大的成效。

2. 坚持源头把控

《低碳方案》提出，应将控制源头排放和节约能源放在首位，优化铁路用能结构，持续降低铁路运输装备、场站的能源消耗和碳排放强度，加强绿色低碳设计，提高运输组织效率，从源头上减少二氧化碳排放，助力铁路节能低碳发展。

首先，铁路节能低碳发展的核心策略在于源头控制。该策略强调在铁路运输全寿命周期内，从设计、建设、运营至维护阶段，均需将节能减排及低碳发展作为核心考量。通过优化铁路能源使用结构，持续减少铁路运输装备及场站的能源消耗与碳排放强度，能够从根本上降低二氧化碳排放量，促进铁路行业的绿色转型。

其次，强化绿色低碳设计是实现源头控制的关键环节。在铁路建设与改造过程中，应推行绿色设计与施工，并严格遵循相关绿色建设标准进行客站的设计与新建，推动既有客站的绿色改造。同时，推进既有铁路电气化改造，提升电气化水平，降低内燃机车的排放，从而减少能源消耗与碳排放。

此外，提升运输组织效率是实现源头控制的重要手段。通过合理且高效的运输组织，大力发展列车智能调度与编组技术，可以提高运输效率，减少不必要的能源消耗与碳排放。这不仅能够优化铁路运输结构，还能提升整体运输效率，实现节能减排的目标。

最后，将节约能源置于首位是源头控制的核心理念。实施全面节约战略，持续降低单位产出的能源资源消耗与碳排放，提高投入产出效率。这要求铁路行业在运营过程中应不断探索与应用新的节能技术和方法，提高能源利用效率，减少能源浪费与碳排放。

3. 坚持创新驱动

《低碳方案》提出，要坚持改革创新驱动，强化铁路规划建设、运营维护全过程科技创新和制度创新，加大绿色低碳新技术、新装备、新材料、新工艺、新产品的研发应用，提高新能源、可再生能源利用率，增强铁路绿色低碳发展动力。

首先，创新驱动力是铁路绿色低碳发展的核心动力。该概念强调在铁路的规划、建设、运营及维护等全过程中，必须充分发挥科技创新与制度创新的引领作用。通过持续的创新活动，能够促进铁路行业的技术革新、效率提升以及绿色低碳转型，为铁路行业的可持续发展注入强劲动力。

其次，改革创新驱动力要求加强科技创新。这表明在铁路行业的各个阶段，必须积极采纳新技术、新装备、新材料、新工艺及新产品的研发与应用。例如，研发更高效的能源利用技术，有助于降低铁路运输的能耗与碳排放；引入智能化、自动化的装备与技术，能够提升铁路运营的效率与安全性；应用新材料与新工艺，有助于减轻铁路建设对环境的影响。

同时，制度创新亦是不可或缺的要素。通过改革现行制度与管理模式，能够激发铁路行业的创新潜能，推动绿色低碳发展政策、法规及标准的持续完善。这不仅为铁路行业的绿色低碳发展提供了坚实的制度保障，还促进了铁路行业与其他行业的协同进步，形成了绿色低碳发展的协同效应。

此外，坚持创新驱动力还意味着提升新能源与可再生能源的使用效率。随着全球能源结构的转变和可再生能源的迅速发展，铁路行业亦应积极适应这一趋势，增加新能源与可再生能源在铁路运输中的应用比例。例如，推广电动列车、利用太阳能和风能等可再生能源为铁路设施供电，能够显著减少铁路运输的碳排放，推动铁路行业的绿色低碳发展。

最后，增强铁路绿色低碳发展的驱动力是坚持创新驱动力的终极目标。通过科技创新与制度创新，铁路行业能够不断提升其绿色低碳发展水平，为全社会的绿色低碳转型作出积极贡献。同时，铁路行业的绿色低碳发展亦能带动相关产业链的绿色转型，形成绿色低碳发展的良性循环。

4. 坚持分类实施

《低碳方案》提出，应遵循铁路发展规律，针对铁路基础设施、运输装备、运输组织、运营维护的不同特点，紧抓推动铁路绿色低碳发展的关键环节，精准施策、分类实施、稳步推进，鼓励有条件的领域率先达峰。

首先，分类实施遵循了铁路发展的客观规律。铁路行业作为一个复杂的系统，涵盖基础设施、运输装备、运输组织、运营维护等多个环节，每个环节均具有其特征和发展规律。因此，在制定绿色低碳发展策略时，必须充分考虑这些特征，针对不同环节采取不同的措施和方法，以确保策略的有效性和针对性。

其次，分类实施强调精准施策。这表明在制定绿色低碳发展策略时，必须深入分析和研究各个环节的具体情况，识别推动绿色低碳发展的关键环节，并针对这些环节制定具体的、可操作的措施。例如，在基础设施方面，可以重点推进电气化改造和绿色建材的应用；在运输装备方面，可以推广电动列车和节能型内燃机车；在运输组织方面，可以优化运输路径和调度方式，减少空驶和等待时间；在运营维护方面，可以加强能源管理和设备维护，提高能源利用效率。

同时，分类实施还注重稳步推进。铁路绿色低碳发展是一个长期且复杂的过程，不可能一蹴而就。因此，在制定和实施策略时，必须充分考虑各种因素，包括技术成熟度、经济可行性、社会影响等，确保策略的稳步推进和有效落地。同时，也要鼓励有条件的领域率先达峰，发挥示范引领作用，带动整个铁路行业的绿色低碳发展。

此外，分类实施也体现了实事求是的思想路线。它要求我们在认识事物的时候要坚持具体问题具体分析的基本原则，把分析问题和解决问题的整个过程都放到具体事物的具体条件中去考察，避免教条主义的刻舟求剑思维方式。对于铁路绿色低碳发展而言，就是要根据不同地区、不同环节、不同条件的具体情况，制定符合实际的绿色低碳发展策略。

最后，分类实施有助于实现铁路绿色低碳发展的目标。通过精准施策、分类实施、稳步推进，可以确保铁路绿色低碳发展策略的有效性和针对性，提高能源利用效率，降低碳排放强度，实现铁路行业的绿色低碳转型。同时，也可以为其他行业的绿色低碳发展提供有益借鉴和参考。

第三节 铁路绿色发展研究的基本方法与路线

一、机制研究为减碳体系的构建奠定基础

在社会科学中,"机制"强调的是各个部分之间的协调关系和具体运行方式,如政府的政策激励机制、企业的技术创新机制、能源的运用方式、运输方式的选择等。

铁路绿色发展机制研究主要体现在通过铁路基础设施和铁路移动装备节能实现减碳、通过科技创新进步实现减碳、通过材料选择与应用实现减碳、通过设备选型与应用实现减碳、通过多系统耦合实现减碳、通过能源方式改变实现减碳、通过低碳低成本铁路专用线建设实现减碳、通过政府激励政策实现减碳等方面。

二、机理研究为减碳技术的应用指明方向

"机理"是指事物变化背后的原因和逻辑,包括形成要素及其相互关系,侧重于理论层面的原理和运行规则,如通过降低列车风阻实现节能减碳、运用深度学习等实现智能照明从而实现节能减碳。

铁路绿色发展机理研究主要体现在通过铁路线路节能坡设计实现列车运行节能减碳、通过车站辅助设备的节能设计实现车站运行节能减碳、通过节能设备装备等的研制实现施工和运维节能减碳、通过工程大宗物资低碳运输实现节能减碳、通过轻量化车体和流线化列车实现铁路牵引节能减碳、通过智能化技术提高能源利用效率和降低能耗从而实现节能减碳等方面。

三、"源—网—车—储"一体化理念贯穿于绿色发展全过程

"源—网—车—储"一体化是铁路绿色发展机制的一种重要体现。"源—网—车—储"原指针对电气化铁路的特性与需求构筑的一体化供电系统,以充分利用新能源实现低碳供能和发展节能技术实现高效用能,实现绿色化、高效能与高弹性供电。《低碳方案》提出,要推动电气化铁路供电系统电源侧接入技术绿色转型升级,大力开发推广"源—网—车—储"一体化新技术;应积极探索推广自洽式风光氢储绿色能源供电新模式和优化运用传统电气化制式;推进新能源在牵引变电所和牵引网分布式接入,推动再生制动能量自行吸收、同相供电、大规模储能等新一代低碳智慧技术在牵引供电系统中的应用,促进铁路电气化的升级换代和绿色低碳智慧

转型。

在本书中,"源—网—车—储"一体化不局限于电气化铁路供电,而要贯穿于铁路绿色能源替代全过程,并通过协同和耦合等作用实现互促与互补。本书中"源"主要体现为光伏、风电等绿色能源电力,单一绿色能源供应或者多种绿色能源互补互济,实现绿色能源就地消纳和电力可靠供应;"网"主要体现为铁路车站、铁路沿线等绿电直供模式和绿电入网反哺模式;"车"主要体现为铁路列车节能运行和铁路机车等的绿电化;"储"主要体现为铁路车站、铁路沿线光伏和风力等绿色能源电力的存储及车载储能等。"源—网—车—储"一体化循环,可提高铁路绿电占比,从而助力铁路绿色发展。

四、"自洽"理念是绿色发展的重要体现

"自洽"是指一个系统或理论内部的各部分之间相互协调、不矛盾,能够解释和说明自身的现象或问题。在本书中,"自洽"是指在能源供电模式中能够在不依赖外部电网的情况下,通过自身产生的绿色能源满足自身电力需求,实现能源的自给自足。

"自洽"理念广泛、多点应用于车站用电、监测用电等铁路各专业领域。车站用电中,通过车站光伏、风力等绿色电力,直接作为车站设备用电。在铁路沿线,通过分布式光伏等绿色电力,直接供给监测设备,或以绿电入网的方式为牵引系统提供电力。该"自洽"模式下,不仅能提高铁路用电绿色化水平,还能有效减少输电线路用量,减少电缆线路的施工费用和电力传输损耗,进一步降低碳排放。

五、绿色发展贯穿于铁路全生命周期

绿色发展是以效率、和谐、持续为目标的经济增长和社会发展方式。铁路绿色发展,就是在铁路领域通过推进绿色化建设、推动装备低碳转型、优化调整运输结构、推进绿色运营维护等实现全面绿色转型发展。

在本书中,绿色发展贯穿于铁路设计、施工和运维的整个全生命周期。在设计阶段加强设计源头管理、积极推进绿色选线、积极应用绿色建材等以实现减碳;在施工阶段弃渣减量化和资源化、基础设施建设低能耗和低排放、推广应用绿色能源施工机械设备等以实现减碳;在运维阶段实施绿色客站、机车车辆节能化、提高铁路承运比重等以实现减碳。

六、节能低碳覆盖铁路全产业链

节能低碳覆盖铁路全产业链，包括能源与原材料供应、基础设施建造、机车车辆制造、铁路运输组织等。能源与原材料供应主要针对基础产业，通过能源绿色化、消耗低量化和原材料生产、运输等低碳化以实现减碳；基础设施建造对应建筑行业，通过节能绿色设计、施工工艺优选和施工装备低碳以实现减碳；机车车辆制造对应装备制造业，通过列车车体轻量化和流线化、机车能源绿色替代、列车节能操纵以实现减碳；铁路运输组织对应服务业，通过车站辅助设备智能化和绿电化、车站绿电直供、车站新能源发电、沿线绿色能源替代、发电企业与铁路用电内循环等以实现减碳。

参考文献

[1] 方世南. 美丽中国生态梦: 一个学者的生态情怀[M]. 上海: 上海三联书店出版社, 2014.

[2] 卢春房. 铁路低碳发展导论[M]. 北京: 中国科学技术出版社, 2023.

[3] 刘长松. 加快构建绿色低碳自贸园区[J]. 中国发展观察, 2017(14): 18-21+24.

[4] 王一鸣. 向着第一个百年目标奋勇前进——学习《中共中央关于制定国民经济和社会发展第十三个五年规划的建议》的认识和体会[J]. 国家行政学院学报, 2016(1): 4-12.

[5] 肖献法. 国务院《2030年前碳达峰行动方案》给交通运输、汽车等行业定调[J]. 商用汽车, 2021(11): 16-22.

[6] 张雪梅, 刘薇, 张笑晨, 等. 黑龙江省公共交通二氧化碳排放因子研究[J]. 环境科学与管理, 2024, 49(6): 62-66+167.

第二章　铁路绿色发展机制机理

交通低碳化是推进交通运输高质量发展的应有之义。[1]低碳，就是在人类活动中既要减少温室气体排放，同时还要增加"碳汇"通过植树造林、植被恢复等措施更多地吸收大气中的二氧化碳。[1]铁路绿色发展机制主要体现在四个方面：一是通过节能的方式达到减碳的目的，即在运营维护阶段通过节能优化实现减碳；二是绿色能源替代，即用风电、水电、光伏发电等替代火力发电，从而达到减碳的目的；三是运输方式优化，主要以"公转铁"为途径，将高能耗、大排量的道路运输转移到铁路运输，达到减碳的目的；四是固碳，即通过绿化、碳储等方式减少大气中的二氧化碳。本章从以上四个方面逐次展开研究。

第一节　铁路碳排放关键环节分析

铁路绿色发展关键环节主要包括三个方面：一是铁路能源消耗量和碳排放量较大且减排空间较大的部分；二是绿电使用率较低且具备绿电利用条件的部分；三是以储碳、固碳为目的的铁路绿化部分。

一、能源消耗与碳排放关键环节

随着我国铁路电气化程度的提高，能源使用过程中的碳排放量大大降低，但是电力生产的上游阶段碳排放量却逐渐增加。因此，厘清铁路运输各关键节点和环节的能源结构，对于铁路运输行业绿色发展具有重要意义。

铁路基础设施涉及碳排放的阶段主要包括建设阶段、运营维护阶段和报废拆除阶段。建设阶段涉及的碳排放主要包括三类：第一类是材料生产过程中产生的碳排放，第二类是施工机械自身运转的碳排放，第三类是材料运输造成的装卸、运输等碳排放。运营维护阶段产生的碳排放主要包括两类：一类是为列车运行提供动力产生的碳排放，另一类是设备设施日常运营、维护，即线路、"四电"、车站运营和养护系统等带来的直接或间接碳排放。报废拆除阶段主要是废旧建筑材料的处理过程所产生的设备运转碳排放和报废材料转运等产生的碳排放。其中，运营维护阶段与能源等相关的活动较多，碳排放贡献和占比较大，应作为重点研究对象。

在铁路运营维护阶段，主要的碳排放来自列车运行和站段运转两大部分。其中，列车运行主要考虑货车牵引碳排放，其占比较高且持续上升。站段运转能耗中的车站运营系统碳排放占比超过65%，应重点关注。

铁路运营维护阶段碳排放主要来源包括化石能源消耗、电力消耗和水资源消耗[2]。化石能源主要是石油、天然气，其在使用过程中直接排放二氧化碳。

在用能总量上，牵引能耗较大。消耗和使用的电力基本来源于市政电网。电力本身并不直接排放碳，而是集中在上游生产过程中产生碳排放[3]。从整体角度分析，机务的碳排放量较多，机务大量的能源消耗造成了较高程度的碳排放。

水资源的使用产生的碳排放是最容易被忽视的。水资源本身并不产生碳排放，但其使用过程中会产生污染物。排污减污涉及能耗和碳排放。水资源使用方面，使用量较多的是车站、车辆部门以及各项运营、维护和保障等。

随着我国电气化铁路的普及和铁路能源利用技术的进步，内燃牵引逐渐转移为电力牵引，化石能源用量逐年下降，电力能源消耗不断上升。根据相关研究，不同发电结构下全生命周期碳排放因子相差较大，关键影响因素为火电占比，因此铁路电力消费造成的间接二氧化碳排放不容小觑。

2013—2023年，内燃机车数量（含内燃牵引机车和内燃调车机车）整体呈下降趋势，而电力机车数量整体呈上升趋势（见表2-1）。从表中可以看出：

① 内燃机车的总保有量逐渐下降，电力机车总保有量逐渐上升。

② 内燃机车包括内燃调车机车和内燃牵引机车，目前调车机车基本上均为内燃调车机车；在我国货物周转量稳中有升的情况下，内燃调车机车的数量不会减少，由此可以推断内燃牵引机车数量在下降，因此内燃牵引产生的碳排放在逐年减少。

③ 电力机车保有量上升是运量增加引起的，因大量货流从公路转移至铁路；从全社会角度来看，其碳效益十分明显。

表2-1　2013—2023年全国铁路内燃机车和电力机车保有量

年份	内燃机车/台	电力机车/台
2013	9961	10 859

续表

年份	内燃机车/台	电力机车/台
2014	9485	11 596
2015	9132	12 219
2016	8974	12 464
2017	8568	12 837
2018	8296	13 166
2019	8048	13 665
2020	8013	13 841
2021	7805	13 916
2022	7893	14 213
2023	7751	14 634

（数据来源：中国统计年鉴）

二、绿电应用关键环节

根据以上分析可知，铁路能源消耗和碳排放主要集中在牵引运行和车站运转等方面。

针对牵引供电的能源结构方面，在铁路运输领域，目前在城市轨道交通系统中，市政电网通常是主要供电来源；而在国家铁路网中，则更依赖于国家电网的供电。我国有着丰富的自然资源，将新能源与铁路的牵引供电系统融合是一个趋势。一方面，充分利用铁路线路广阔的特点和太阳能、风能资源丰富的优势，建立集中式的清洁能源发电项目[4]，降低外购电量。另一方面，考虑将光伏等绿电接入牵引供电系统，不仅可以优化牵引能耗的结构，又可以在一定程度上降低电气化铁路对电力系统的供电需求。

针对内燃牵引的能源结构方面，主要燃料为柴油。考虑将内燃铁路与新能源融合，用清洁电力驱动方式替代传统的内燃机车，包括超级电容、动力电池、氢燃料电池等方式[4]。目前，氢燃料等新能源混合动力机车仍处于起步阶段。天然气是目前应用较为广泛的一种生物燃料，相关数据表明，单位体积的天然气发热量比相同体积的柴油高10%，有害物质排放量减少40%左右，相比柴油有很大的优势[5]，可以考虑将天然气作为内燃机车燃料。

针对车站的能源结构方面，车站用电通常是从电厂或专用供电线路进行高压输送,通过供电站点变压器实现车站各种电气设备需求的高压、低压供电。除了从发电厂进行高压输送外,考虑采用太阳能光伏发电。

三、绿化关键环节

固碳是指增加除大气之外的碳库碳含量的措施,包括物理固碳和生物固碳。常见的固碳方法主要有光合作用和化能合成作用[6],应用于铁路领域的主要是植物的光合作用。

铁路绿化主要分为铁路用地界内的车站绿化和沿线绿化,车站绿化兼顾景观效果和固碳效果;铁路沿线绿化主要是指铁路沿线边坡,放弃传统的边坡防护网、混凝土等形式,代之以绿色植物。绿植的使用不仅能够降低建设成本,还能长期持续发挥绿植的光合作用,达到空气中二氧化碳到碳水化合物的转移,完成固碳。

第二节 铁路设施装备节能减碳机制机理

铁路固定设施包括轨道、路基、桥隧、站场、站房、"四电"等;铁路移动装备包括机车、车辆、动车组、养护维修机械等;铁路车站固定设备包括行车设备和辅助设备。本书将探讨铁路固定设施建造与移动装备制造阶段、固定设施与移动装备维护阶段、移动装备运用阶段、耗能设备运用等的节能减碳机制机理。

一、固定设施建造与移动装备制造

在固定设施建造与移动装备制造阶段,主要是采用低碳原材料、低碳建造工艺、低碳装备制造工艺等方式达到节能减碳的目的。

1. 固定设施建造

通过使用可再生材料、绿色建筑材料(如空心砖、建筑砌块、加气混凝土等)等低碳原材料,以减少材料生产过程中的碳排放。在建造工艺方面,通过优化具体施工工艺、使用预制结构等方式,以减少碳排放。在铁路线路设计时,考虑设置节能坡、尽可能优化平面曲线半径等方式,从源头上控制碳排放量。

2. 移动装备制造

在铁路车辆设计阶段,确保安全的前提下,通过车体轻量化、列车流线化等设计方式，降低车辆运行阶段的能耗，实现减碳。在移动装备制造时，采取低碳的生产线和制造工艺，从而达到节能降碳的目的。

二、固定设施与移动装备维护

在固定设施与移动装备维护阶段，主要通过低碳维护工艺、低碳设备、低碳作业组织等方式达到节能减碳的目的。

在低碳维护工艺方面，通过使用新工艺、优化维护工艺等方式，减少碳排放。对于检修设备和养护维修设备，通过定期涂油、定期检修等方式加强保养，减少检修设备产生的碳排放。此外，一个科学合理的施工作业组织方案能有效地降低能源消耗和碳排放强度，可通过合理优化施工作业组织方案降低碳排放。

三、移动装备运用

在移动装备运用阶段，主要通过列车节能操纵优化、优化列车编组方案、机车更新换代等方法，减少移动装备运用产生的碳排放。包括寻找最优节能驾驶策略，减少非必要制动，降低列车牵引能耗。优化列车编组方案，减少非必要空载，降低列车运行能耗。加快机车的更新换代，提升电力机车的使用比重，减少损耗，提升电能效率等，从而降碳。

四、耗能设备运用

耗能设备运用是指耗电设备、器具、仪表等的科学运转使用，从而达到降耗减碳的目的。

在铁路车站空调和照明使用方面，根据车站功能布局和实际需求，分区域、分时段合理地调节耗能设备的使用，减少非必要的照明和空调。定期对空调系统进行清洗和维护，保证其正常运转和高效使用。优化灯具布局和选型，满足不同区域照明需求的同时减少能耗，实现减碳。

在电梯运用方面，采用变频调速控制技术对电梯电机进行调速，实现电梯启动、匀速、缓速和停止各运行环节的高效切换，从而降低电梯运行能耗并减碳。

除铁路车站空调、照明和电梯设备运用耗能外，还有给排水、热力供应等诸多方面均涉及高能耗设备运用，应该从优化设计、智能运行、智慧控制等方面考虑，从而降低其能耗和减少碳排放。

五、多系统耦合

固定设施建造与移动装备制造、固定设施与移动装备维护、移动装备运用、耗能设备运用这四部分相互联系、相互作用。多系统耦合就是在整体上实现多系统的碳排放总量达到最低，而不是片面追求某一环节碳排放量的极限降低，造成其他部分碳排放量的增加。通过多系统耦合的综合低碳策略，有利于实现铁路系统整体的节能减碳目标。

第三节 绿色能源替代减碳机制

绿色能源替代减碳机制是指通过牵引能源、车站用能、维护装备用能以及风险监测用电的绿色化，实现铁路系统的绿色可持续发展。牵引能源的绿电化将电气化铁路系统的火电来源转变为可再生能源，减少碳排放；车站用能的绿电化是通过设备用能绿色化、车站自发电以及削峰填谷等方法降低碳足迹；维护装备用能的绿电化是改造和用电绿色化能够提高能源利用效率，并减少碳排放；风险监测的绿电化是通过利用太阳能等可再生能源为监测系统供电，确保可持续的监测和预警能力，达到碳排放量降低的目的。

一、牵引用能的绿色化

牵引用能的绿色化是将铁路部分牵引所用的能源转变为绿电，并逐渐扩大绿电在总牵引能源中的占比，在相同的牵引能源消耗下，绿电的碳排放量更低。而牵引供电绿电化和自洽供电是牵引能源绿色化的关键措施。

牵引供电绿电化的核心在于提升电气化铁路系统的电能来源清洁度。目前，电气化铁路通过电力驱动列车，其能量转化效率高达 90% 以上，显著优于内燃机车。然而，实现真正的绿色化，还需确保所使用的电能来源于清洁能源。通过增加可再生能源在电力供应中的比例，如风能、太阳能、水能等，可大幅降低电力生产过程中的碳排放。

二、车站用能的绿色化

车站用能的绿色化是指通过车站设备用能的绿电化、车站自发电和削峰填谷等方法，达到车站用能碳排放减少的目标。

车站用能需求主要体现在日常运营用电需求方面，通过将车站设备用电绿色化，将传统发电站产生的电能替换成太阳能、风能等可再生能源产生的绿电，从而达到降低碳排放的效果。

车站自发电是通过自身的能源系统进行电力生产，以满足其部分或全部的用电需求。如在铁路用房屋顶或周边区域安装太阳能发电板，通过太阳能进行自发电，不仅满足部分电力需求，而且能进一步降低车站整体的碳排放量。

实际上，电价存在波动，由此可以采用削峰填谷的方法使车站在电价较低的谷期储存电能，在电价较高的峰期使用储存的电能。通过这种方式，车站可以更高效地管理电力使用，降低电力成本，提高车站电能的利用率，从而达到减少碳排放的目的。

三、维护装备用能的绿色化

维护装备用能的绿色化是指在铁路维护过程中，使用绿电为维护装备供电，以减少碳排放量。近年来，随着我国铁路营业里程的逐年增加，铁路维护的需求也在不断增长，维护工作量和复杂度相应提升。在这一背景下，铁路维护装备的能源绿色化成为减碳的关键。

相较于传统的化石燃料装备，电动装备具有更高的能源利用率，同时显著减少碳排放。在电动维护装备的基础上，可以采用大容量的蓄电池，在电力需求低峰时储存多余的电能，在高峰时释放电能，降低电力的消耗，并实现碳排放减少的目标。

电动维护装备的用电绿色化，更符合我国的"双碳"政策。光伏声屏障和光伏防护栏等技术的应用不仅可为电动维护装备提供绿电，还可在一定程度上降低对传统电力的依赖。通过不断提升维护装备用电中绿电的占比，铁路维护阶段将实现更高的减碳效率和能源利用效率。

四、监测用能的绿色化

安全风险监测的绿电化是指通过风雨雪监测、大桥和长隧安全监测以及路基沉降监测、机车车辆轴温监测、路外环境监测等的用电绿色化，实现绿色能源替代和减碳的目标。风雨雪监测系统可采用太阳能和风能等可再生能源供电，确保设备的持续运行，还可减少对化石燃料的依赖。大桥和长隧的安全监测设备可通过安装在桥梁或隧道附近的太阳能板和小型风力发电机来获取电力，实现全天候的监测与预警。路基沉降监测、机车车辆轴温监测、路外环境监测等同样可以利用绿电化手段，通过太阳能和风能发电设备，为监测传感器和数据传输系统提供稳定的电力供应。

第四节　基于"公转铁"的运输方式改变减碳机制

常规意义的"公转铁"减碳就是通过铁路运输替代部分公路运输，使车辆牵引能源从高碳排放的燃油向低碳排放的电力进行转变，从而达到减碳的目的。当铁路未伸入工矿企业、物流园区时，"公转铁"需要自建部分企业专用线，形成较高建设成本，综合经济效益不显著，工矿企业和物流园区的积极性不高，使得"公转铁"进程减慢。本书将探讨线路末端（即企业自建铁路专用线）的低碳低成本开发机制、低碳低成本运输机制、避免财政负担的政策激励机制、全社会减碳中的牵引机制。

一、线路末端的低碳低成本开发机制

线路末端的低碳低成本开发机制，就是针对企业自建铁路专用线的线路较短、列车速度需求很低（或低速策略）、运量一般不会很大的特点，采用再用轨、再用枕、再用扣件代替新扣件、道砟场废弃余料作为轨道材料，合理提高限制坡度值、降低最小曲线半径，达到低碳、低成本建设的目的。

钢轨制造过程中的碳排放量极大，因采取低速策略，轨缝无须对齐，旧轨切除伤损区域后仍有一部分（即再用轨）可继续使用；采用较短的钢轨，其适应温度变化的能力增强，可以进一步避免线路失稳；采用再用轨取代新轨，可以避免新轨制造所造成的碳排放、减少旧轨回炉、新轨供应所产生的碳排放；再用轨采购成本低，新轨采购成本高，可有效降低采购成本；再用轨可就近采购接轨铁路的旧轨，同时解决其旧轨处理难题。

轨枕的承载能力需求与列车通过速度、线路运量等密切相关。铁路线路换下的混凝土轨枕除个别的严重伤损外，绝大部分仍适用于低速策略的铁路专用线。再用枕代替新轨枕，既解决了铁路线路废弃物处理难题，又可以大大降低新轨枕预制中产生的碳排放。

换下的旧扣件除伤损扣件外，绝大部分仍适用于低速策略的铁路专用线。在铁路专用线上，车速低使得轮-轨动力作用大幅减弱，可适当降低扣件的扣压力而不影响列车运行安全。再用扣件代替新扣件可在一定程度上减少新扣件制造而产生的碳排放量。

道砟场采备特级道砟和一级道砟后，尚有部分废弃余料，掺和附近钢铁厂废弃钢渣或建筑混凝土废弃物，可作为铁路专用线碎石道床所用，避免固废污染环境的同时可大量减少特级道砟和一级道砟加工过程中的碳排放量，减少道砟长距离运输

中产生的碳排放量，同时可以降低道砟采购成本。

二、线路末端的低碳低成本运输机制

线路末端的低碳低成本运输机制，就是吸引原本通过公路（企业端）→铁路（长距离运输）→公路（交易对方）联运的大宗货物转变为铁路专用线（企业端）→铁路（长距离运输）→公路（交易对方）联运，或者将公路（企业端）→铁路（长距离运输直达交易方）联运的货物变为铁路专用线（企业端）→铁路（长距离运输直达交易方）的单一运输方式，从而减少装卸环节、缩短装卸造成的货损和时间损失以减少企业端货物装卸成本和碳排放。

线路末端开发达到一定程度后，工矿企业、物流园区的物流成本能够得到进一步降低，"公转铁"带来的碳效益将得到进一步提高。

三、避免财政负担的线路末端政策激励机制

避免财政负担的线路末端政策激励机制就是建立科学、完善、合理的碳交易平台，出台碳交易政策，对相关企业进行碳配额。

发挥政府的政策拟定和规则制定作用，借助创新产品和金融工具等，由政府主导建立有效的市场机制，完善以碳定价为核心的碳交易政策，通过合理有效的定价，撬动和整合更多的资源，使其聚集和归拢到绿色低碳发展，形成从碳市场、碳定价到碳资产管理，最后再到碳信用等一整套完整的碳政策，使碳政策实施、碳市场建设和金融资源等充分发挥撬动和引导作用，形成良性循环和激励作用。

线路末端政策激励机制的建立和完善，应在避免财政负担的前提下通过碳交易政策和碳配额的政策性引导与碳交易平台等市场性操作，激励工矿企业、物流园区等由道路运输转向铁路运输。

四、线路末端在全社会减碳中的牵引机制

线路末端在全社会减碳中的牵引机制就是通过大宗货物等由道路运输向铁路运输方式的改变，在整个社会层面减少大宗货物所带来的碳排放，从而得到由碳减排带来的碳收益，实现运输方式的绿色转型。通过多种运输方式组合运输转变为尽可能少的或单一方式的运输，减少装卸环节、降低装卸货损和缩短运输时间可实现物流成本的降低；以线路末端为载体的"公转铁"在社会层面还能带来道路拥堵问题的改善，提高道路畅通率，在一定程度上减少道路交通车辆在途使用时间以减少碳排放。

第五节　基于固碳的碳补偿减碳机制

碳补偿（碳中和）就是通过植树造林、节能减排等形式，抵消自身产生的二氧化碳或温室气体排放量，实现正负抵消，达到相对"零排放"。[7] 碳补偿在铁路上的主要运用就是最大限度地保留既有绿化以减少固碳能力的损失和增加绿化以增加固碳能力，通过多系统耦合、协作和配合，实现铁路固碳能力最大化，最终达到铁路内部碳中和。

一、减少绿地占用固碳机制

减少绿地占用固碳机制就是要突出源头控制、加强前期工作，在线路选线阶段落实国土空间规划和生态保护要求，强化环保选线理念、加强设计源头管理。重点要在环评阶段、初步设计、施工图审核阶段严格把关，组织设计单位深入调查自然保护区、水源地、文物等环境敏感点位置及范围，充分考虑选线及各专业工程措施对环境敏感的影响，积极推动绿色选线。在兼顾列车运行能耗的同时，尽量减少天然植物区域占用，以达到减少固碳能力损失的目的，完成铁路线路和枢纽设施等的科学规划布局。

二、降低施工所致固碳能力损失机制

降低施工所致固碳能力损失机制就是在确定线路选线之后的铁路工程建设过程中倡导绿色施工，加强设计、建设、竣工、验收全过程管理。对于给出的各项环保措施要和各方面充分沟通，重点对隧道、桥梁、路基、站房等专业环水保措施落实进行核查；关注弃土（渣）场位置、数量、容量参数，充分做好论证与比选，确保对现场生态环境影响最低。减少因铁路工程建造而造成的水土流失和环境影响，减少因施工通道使用而造成的线路周围植被等的破坏，减少因施工机械设备和人员活动等造成的生态环境毁坏，减少因施工造成的弃渣等造成的自然生态损伤。建设过程中，要突出目标重点，加强过程控制，严格落实铁路建设项目中环保设施与主体工程同时设计、同时施工、同时投产使用的"三同时"制度。建立完善各阶段能耗与碳排放计量监测、统计核算和考核评价，确保工程符合绿色低碳发展要求，积极推进铁路建设弃渣减量化、资源化等，以达到降低线路所在区域固碳能力损失的目的。

三、提升绿化固碳能力机制

提升绿化固碳能力机制就是通过绿色植物的光合作用将空气中的二氧化碳转化为有机物固定下来，以补偿产生的碳排放。提升绿化固碳能力主要包括两部分内容：一部分是针对新建铁路，基于减碳目标进行线路、场站等的绿化设计；另一部分是针对既有铁路和物流园区等，推进铁路场站、线路和物流园区等的绿色化改造。建设绿色通道，坚持新旧相融与乡土种植，依托铁路走廊构建具有一定宽度的带状生态廊道，将新造林地块与原有林地块充分连接，将相邻生境孤岛有机连接，构建环状、放射状、相嵌状的林地绿地结构，形成大规模、连片、完整的生态空间。[8]对于建设过程中临时占用或破坏的植物和耕地等，应采取科学的方式复垦复植。

四、多系统和谐统一提升固碳能力综合机制

多系统和谐统一提升固碳能力综合机制就是以减少绿地占用固碳和降低施工所致固碳能力损失为基础，以提升绿化固碳能力为依托，在铁路线路全线范围内开展铁路绿色廊道综合开发，统筹外部环境整治，在"应绿尽绿，因地制宜"的指导思想下营造自然生态景观，实现生态景观与绿色廊道有机和谐统一。同时考虑铁路与其他交通方式共用通道资源，避免绿色土地切割，全面提高土地综合利用。通过"两减"，即减少绿地占用和降低施工所致固碳能力损失来减少既有固碳能力的损失；通过"两增"，即增加绿化和开展绿色廊道综合开发来增加铁路固碳能力；并最终实现固碳和碳补偿的目标。

参考文献

[1] 卢春房.铁路低碳发展导论[M].北京:中国科学技术出版社,2023.

[2] 袁振洲, 袁晓敬, 杨洋, 等. 城市轨道交通低碳效应研究综述[J]. 铁道运输与经济, 2024, 46(8): 8-23+57.

[3] 许志成.高铁运营期站段碳排放分布特征及减排路径研究[D]. 北京: 北京交通大学, 2022.

[4] 胡田飞, 刘济华, 李天峰, 等. 铁路与新能源融合发展现状及展望[J].中国工程科学, 2023, 25(2): 122-132.

[5] 王正, 杨阳, 方正. 内燃机车的发展及节能减排[J].铁道机车与动车, 2020(8): 24-25+37.

[6] 彭欢, 徐卫平. 低碳理念在园林植物景观设计中的运用与探讨[J]. 居舍, 2018(36): 109.

[7] 田洪. 基于低碳理念的绿色建筑设计策略分析[J]. 中华建设, 2023(3): 84-86.

[8] 石河. 9386亩绿化六大景观乡土植物担纲"主角"沿线四季赏景京张高铁建成一条山川一览锦绣斑斓的绿色廊道[J]. 绿化与生活, 2020(7): 4-10.

第三章 铁路"基础设施节能"减碳机制

铁路"基础设施节能"的本质是建设绿色铁路工程。《推动铁路行业低碳发展实施方案》提出的实现举措包括以下几个方面：首先，必须严格执行国土空间规划和生态保护的相关要求，深化环保选线理念，加强设计源头的管理力度，积极倡导并实施绿色选线策略。科学合理地规划铁路线路及枢纽设施布局，促进铁路与其他交通方式共享通道资源，全面提升土地资源的综合利用率。其次，推动绿色铁路工程建设，强化设计、建设、竣工、验收等全过程的管理，提倡绿色设计和绿色施工理念。建立健全各阶段能耗与碳排放的计量监测、统计核算及考核评价体系，确保铁路工程全面符合绿色低碳发展的战略要求。再次，积极推进铁路场站、物流园区等基础设施的绿色化改造。复次，积极推广使用绿色建材，广泛采用可循环、可再利用的建材和可再生资源，努力推进铁路建设中弃渣的减量化、资源化处理，力求铁路基础设施建设达到低能耗、低排放的目标。最后，大力推进铁路火车轮渡码头和船舶岸电设施的建设，并确保其常态化使用。积极推广使用绿色能源的施工机械设备，为实现铁路建设的绿色可持续发展贡献力量。

本书中的基础设施不仅包括轨道、路基、桥隧、站场、站房、"四电"，还包括服务于生产生活的照明、空调、通风、电梯、安检等设备。基础设施凭其本身不可能固碳，应从节能的角度出发研究减碳机制。考虑基础设施全生命周期，节能减碳应贯穿于基于全生命周期理念的统筹施工运维一体化设计、涵盖工艺与物资运输的绿色施工、智能化与绿色化协同下的设施维护和运用。从节能减碳预期效果出发，基础设施节能减碳工作应着重于线路与车站设备设计、结构施工与维护、大宗工程物资运输。

第一节　基础设施节能现状

主要的节能途径包括优化设计、新型材料、工艺改进、智能控制等。

一、线路设施

铁路线路设施的节能研究主要集中在线路选址与规划、路基与轨道结构、列车运行控制及新能源的应用等方面。研究表明，通过优化线路的曲线半径和坡度设计，合理的选线可以缩短线路长度、降低坡度，从而显著降低列车运行的牵引能耗。[1-2]

高性能轨道材料和先进的轨道减振技术不仅能延长轨道使用寿命，还能减少列车运行中的摩擦阻力，进而提升节能效果。[3-4]

智能化列车运行控制系统通过优化列车运行图、合理控制列车速度和加减速，最大限度地减少能源浪费，如自动驾驶系统和智能调度系统的应用显著提高了列车运行的能效。[5-7]

此外，太阳能和风能等可再生能源在铁路系统中的应用逐渐增多，这不仅降低了铁路运营的碳排放，还减少了对传统能源的依赖。一些铁路已经在车站和沿线安装太阳能电池板，为列车提供清洁能源。[8-9]

二、站场设施

铁路站场节能研究主要集中在站场布局优化、能源管理系统、绿色建筑技术和智能控制系统等方面。研究表明，通过优化站场的布局，合理配置各功能区的位置，能够有效减少车辆调度时间和能耗。

引入能源管理系统可以实时监测和调控站场的能源使用情况，提高能源利用效率。[10]节能环保材料的使用、自然通风和采光设计不仅降低了站场建筑的能源消耗，还提升了乘客的舒适度。[11]

此外，太阳能光伏系统和风力发电等可再生能源技术在站场中的应用逐渐增加，有效降低了对传统能源的依赖。智能控制系统在站场节能管理中发挥了重要作用，通过自动调节照明、空调等设备，避免了不必要的能源浪费。[12]

三、站房设施

站房设施节能研究集中在设计环节，包括建筑结构优化、能源管理系统应用、新能源利用和智能化控制等方面。通过优化站房的建筑结构设计，可有效减少能源消耗，提高站房的能效。[13-14]能源管理系统的引入能够实时监测和调控站房的能源使用情况，实现能源的高效利用，从而达到减碳的目的。[15-16]

在新能源的应用方面，太阳能、地源热泵等可再生能源在站房设计中的使用逐渐增多。例如，通过在站房屋顶安装太阳能电池板可以为站房提供清洁能源，减少对传统能源的依赖。[17-18]地源热泵系统则利用地热资源进行供暖和制冷，有效降低了能源消耗。[19-20]

智能化控制系统的应用也是站房节能设计的重要方面，通过智能化控制系统可以实现对照明、空调等设备的自动调节，避免能源浪费。

四、照明与服务设备

1. 车站照明节能

铁路车站照明的节能研究主要集中在照明系统设计优化、智能控制技术、光源技术改进以及照明管理系统的应用等方面。智能照明系统根据人流量和自然光强度自动调节照明亮度；智能空调系统通过监测室内外温度、湿度等参数，自动调整空调运行状态，实现节能降耗。[21-22]研究表明，通过优化照明系统设计，如合理选择灯具的布置和亮度，可以显著降低能源消耗。

自动调光系统和基于传感器的动态控制系统等智能控制系统的应用，能够根据实际需要自动调整照明强度，避免了不必要的能源浪费。[23-24]光源技术的进步也对节能效果产生了积极影响，LED等高效光源的使用大幅度提高了照明系统的能效比，并降低了维护成本。[25-26]

此外，照明管理系统的应用实现了对照明设备的运行状态进行实时监控和优化，进一步提升了能效和管理水平。[27]

2. 车站服务设备节能

铁路车站服务设备的节能研究主要集中在设备选型与配置优化、节能技术应用以及智能管理系统的集成等方面。通过优化服务设备的选型与配置，如选择高效节能型电梯、自动扶梯和空调设备，可以显著降低能源消耗。[28]

高效热回收系统和智能照明系统等节能技术的应用，进一步提升了设备的能效。高效热回收系统能够利用废热进行空气预热，从而减少了能源的额外需求。此

外，智能管理系统的集成实现了对车站服务设备的运行状态进行实时监控和优化，做到了能源的精准控制和管理。[29-31]

五、施工与维护

1. 原材料选择

铁路原材料选择的节能研究主要集中在高效节能材料的开发与应用、材料的生命周期评估以及材料选择对整体能效的影响等方面。研究表明，选择高性能节能材料可以显著降低铁路工程的能源需求。这些材料不仅具备优良的结构性能，还能减少工程施工中的能量消耗和维护成本。[32]

材料的生命周期评估也在节能研究中扮演着重要角色，通过对原材料的生产、运输、使用和处置过程中的能耗进行全面评估，能够优化材料的选择，进一步降低整体能耗。节能材料的应用也是提高施工能效的重要手段，如采用节能保温材料可以减少材料的使用量和能源消耗。[33-34]

此外，采用具有较低环境影响的可再生材料，如绿色复合材料也有助于减少资源消耗和提高能源使用效率。[35]

2. 工程物资运输节能

铁路工程物资运输的节能研究主要关注运输方式优化、物资管理技术应用以及运输过程中的能源效率提升等方面。研究表明，通过优化物资运输方式，如采用电动货车或改进传统燃油车的能效，可以显著减少运输过程中的能源消耗。物资管理技术的应用，如集成化的物流管理系统和智能调度系统，能够提高运输效率，减少空载和重复运输，从而降低能源使用。[36]

此外，采用高效的运输设备，如节能型货车和自动化装卸设备，也对节能具有积极作用。优化运输路线和调度策略，减少不必要的运输距离和等待时间，也是提高运输过程能效的有效手段。[37-38]

3. 施工组织优化

施工规划阶段是指通过便道优化设计和施工场地选择达到节能减碳。施工场地选择就是选择交通便利、靠近既有铁路设施的施工场地以减少材料和设备的运输距离，降低运输能耗；优先选择靠近电力供应充足、能源价格较低的地区，以降低施工过程中的能源成本。便道设计节能就是尽量减少线路长度和坡度,以降低工程车辆运行和爬坡时的能量消耗。

施工准备阶段是指通过设备选型配置和材料采购管理达到节能减碳。设备选型配置就是选用节能型施工设备,确保施工效率的同时降低能源消耗;根据施工任务和进度合理配置施工设备,以提高设备的利用率,从而减少能源浪费。材料采购管理就是优先选择节能环保型建筑材料,以降低材料生产过程中和铁路建设与运营过程中的能源消耗;优化材料采购和运输方案,以降低材料在运输过程中的损耗和能耗。

施工组织优化的节能研究是指通过施工组织安排和能源管理控制达到节能减碳。施工组织安排就是进行合理的施工组织,以减少现场施工时间和施工工作量,提高施工效率,降低能源消耗;合理安排各工序的施工顺序和时间,避免工序之间的交叉干扰和重复作业,提高施工效率,减少能源浪费。能源管理控制就是制定能源消耗指标和节能措施,以加强对施工过程中能源消耗的监测和控制;合理安排施工时间,充分利用自然光和自然通风,减少照明和通风设备的使用时间,以降低能源消耗。

4. 施工工艺节能

铁路施工工艺的节能研究主要集中在施工工艺优化和施工机械的高效使用等方面。研究表明,通过优化施工工艺流程,减少无效作业和提高施工效率,可以有效降低施工过程中的能源消耗。[39-40]

智能化施工管理系统的应用能够实时监控施工过程中的能耗情况,并进行优化调整,进一步提升了施工过程的节能效果。[41]

5. 施工装备、线路维护装备节能

铁路施工装备和线路维护装备的节能研究主要集中在装备选型与技术改进、能源管理系统的应用以及高效作业方法的优化等方面。通过选用高效节能型施工装备,如先进的铺轨机和轨道检修车,可以显著降低能源消耗。[42]

技术改进方面,新型施工装备配备了先进的节能技术,如电动化驱动系统和智能化控制系统,这些技术能够在减少能耗的同时提高作业效率。[43-44]能源管理系统的应用也有效提升了装备的能效,通过实时监控和优化操作,可以减少不必要的能源浪费。[45]在线路维护方面,采用新型节能设备不仅提高了维护效率,还降低了维护过程中的能源消耗。[46] 此外，施工机械的高效使用和管理也对节能效果有显著影响，如通过引入先进的施工机械设备和优化机械使用策略可以减少能源的浪费并提高施工效率。[47]

第二节　线站节能减碳机制

线站节能减碳设计目前主要体现在三个方面：一是线路平纵断面优化设计以降低机车牵引能耗；二是铁路客站辅助设备节能设计以减少运营期能源消耗；三是工程原材料低碳优选以减少施工原材料自身碳排放。

一、线路节能坡减碳机制

铁路线路设计的理想情况是顺直、平缓、短距，但在实际线路环境下，往往会存在地形复杂、地质不良等情况，甚至还会存在穿越山脊、跨越河流等极端地质情况。铁路线路设计要分别考虑平面线形和纵断面设计，首先要确保列车正常运营和运营时的行车安全；其次要最大可能地兼顾旅客乘车舒适性或货物运输可靠性；再次要考虑建设难度、建设费用和建设周期，以及运营期的运行能耗；最后还要尽量减少对环境的破坏，尽量做到铁路发展与自然环境和谐共生。

铁路线路敷设方式主要包括地下线、地面线和高架线三种。从线路节能角度而言，线路敷设方式相对较为复杂。对于山区、河流等特殊且复杂的地形条件，采用地下线或者高架线是最直接的解决方式，但是无论是地下线还是高架线，都会不可避免地造成相对于地面线更加复杂的施工难度、更加高昂的施工造价和更加冗长的施工周期。除此之外可以采用线路绕行或异常横纵断面线路的方式，保留地面线的敷设，这样会在施工建设阶段相对节能，但对于后期运营维护期间的节能与安全不利。因此，采用何种线路敷设方式，兼顾建设施工期和运营维护期，做到节能最优化，也是一个很重要的问题。

综上所述，铁路线路设计方案不仅直接决定了线路施工难度、工程费用和建设周期，更影响到后期线路运营期间的能耗，因此需要兼顾工程施工节能和运营维护节能两方面，对线路设计进行平纵横断面优化。

铁路线路平纵断面设计应在当地具体地质和地形等约束条件下，尽量做到线路顺直，或者采用较大的曲线半径，以保证列车运行时具有较小的附加阻力和较平稳的运行效果。当地形或地质条件限制而必须设置小曲线半径线路时，应尽量将小曲线半径集中设置,以免造成列车运行时因断续的小曲线半径路段而产生频繁的加减速甚至起停车等耗能操作。线路坡度设计时也应该尽量平缓,避免急上坡或急下坡坡度的设置;如果不可避免长大坡道,也应该尽量集中设置,最大可能地保持和保留列车动能,避免列车动能损失。其中最常见的节能设计就是线路节能坡设置,通过节能坡实现列车动能势能的转化而有助于其加、减速操作,降低牵引能耗。

传统的节能坡设计一般是指将车站设置于坡顶处,即纵断面的凸起最高点处,以便于列车进行进出站时可以借助坡度完成重力势能和列车动能之间的相互转化,从而减少列车运行能耗。按照两个车站间的区间长度、高程等条件,分别设计为单面坡、"V"形坡、"W"形坡,并设置合适的坡度值,如有必要可采取多种坡型组合设置的方式以达到最优节能效果。

二、车站辅助设备节能减碳机制

《推动铁路行业低碳发展实施方案》针对绿色客站提了几点举措,包括以下几个方面:第一,新建客站必须严格遵循绿色建设标准,确保设计与建设的科学性和先进性。第二,要加大对既有客站的绿色改造力度,积极推广绿色照明技术。第三,通过应用能源管控技术、实施变频改造等措施,对暖通空调、给排水、电气设备等主要耗能设施进行节能优化控制。第四,在条件允许的客站加装光伏系统,选择典型客站开展试点应用,以发挥示范引领作用。第五,进一步加强光伏发电等节能、新能源技术在场站的应用,新建铁路场站等建筑屋面优先采用光伏建设一体化方式(building integrated photovoltaic,BIPV)或预留光伏发电系统设置条件。第六,新建大型场站需采用能源管控技术,并确保达到三星级绿色建筑标准。第七,加快推进大型场站绿色照明智能控制改造,有序实施站房、灯桥、灯塔、景观等照明的发光二极管光源替代。第八,全面实施绿色交付,在工程交付前进行绿色建设效果评估,确保工程质量与环保效益同步提升。

此处仅讨论车站用能设备。车站用能设备主要包括行车设备和运输辅助设备。行车设备包括信号设备、调度指挥设备、区间闭塞设备等,行车设备主要用于保障列车的安全运行和高效管理,是车站、列车等正常运行所必须的和不可停滞的,必须保证其安全、正常、高效运转。运输辅助设备则是用于支持和保障铁路运输的各项辅助工作,包括客货运辅助设备、环境控制设备(空调、通风、排水等)、供电及应急设备、安防设备、清洁剂维护设备。运输辅助设备主要是提升旅客出行方便性和舒适性,其中的通风空调设备作为铁路车站用能最大的单元,应作为主要研究对象重点考虑。

车站用能体系中，照明作为设备之外的用电单元是通风空调之下的第二大用能体，不同于空调设备的单机大功率、高能耗，照明系统单机功率较小，但是运行数量多、覆盖面积大、使用时间长等特点决定了照明系统的整体高能耗。因此，应该将车站照明作为另外一项重点节能对象进行研究。

铁路车站目前大多采用接入市政电网的方式进行电力供应，会产生较大的上游发电端碳排放。因此，应该研究相关车站空调、照明等的节能设计，以减少空调端、照明端能源消耗，达到减碳、降排的目的。

1. 空调设备

铁路车站必须保持通风和室内温度恒定，以保证乘客的乘车安全性和舒适性，因此车站通风空调设备处于经常性运转状态。铁路车站空间庞大、开阔，且不具备密闭性，因此需要通风空调数量较多。此外，通风空调设备普遍具备单机功率大、能耗高等特点而产生较多的能源消耗和碳排放。综上，铁路车站通风空调设备在单机功率、总体数量、运行时间等方面均高于平均水平，且具备较大的节能减排空间，因此通风空调应该作为节能减碳的重点研究对象。

（1）建筑结构优化

在车站规划设计阶段优化车站建筑结构。在保证建筑安全性、稳定性、实用性的基础上，兼顾工期工效和建筑成本，尽量选择具有保温隔热功能的材料，以降低过冷或过热季节外部温度条件等对建筑物产生的影响。通过合理设置窗户和通风口等，增加自然风与内部气体的流动与交换，以减少空调系统的使用时间和使用频率，接口开放有利于车站建筑的节能减排。[48]

（2）合理布置通风空调主机和末端设备

铁路车站空间开阔、面积广阔，各功能区按照用途不同分区域布置。不同功能区由于用途不同而产生不同程度的人员聚集，对于通风空调等的要求不尽相同，因此应该按照功能区分类设置末端设备。

车站通风空调设备普遍存在末端反应滞后和风管导致空气循环距离过长、能耗过高的问题。末端调节反馈到主机通常需要较长时间完成调节过程，这一过程中，可能存在外部环境的变化和水温运行过程的损耗，导致能耗增加。因此应该考虑在分区域设置末端设备的同时，按照实际情况增加主机的设置。

（3）分区域控制

目前铁路客站空调温度的设定主要依据实际环境对空间温度的需求，但是忽略了人员、设备等对环境的具体要求。通风空调等的设置主要是服务于旅客，应该根据旅客的聚集程度和实际需求调节温度设定。对于同一功能区域，温度需求在理论上是相同的，但是如果某一时刻功能相同的两个区域人员聚集程度差异很大，此时这两个区域的稳定设定应该有所区别，避免人员过多产生不适和人员过少产生无用能耗。因此应该在车站范围内进行区域划分，同时兼顾环境一般需求、人员聚集情况等多种因素，确定实际温度和风量等的设定。

（4）智慧管理平台

基于大数据、云计算等手段，建立采集层、监控层和应用层三级层级架构的通风空调智慧管理平台。采集层采用智能化设备进行环境温度、风量等的采集，并对人员聚集程度等参数进行实时采集，将采集到的数据进行预处理后传输至监控层。监控层采用智能调节系统，将传输汇总的数据分析处理，做出正确的判断并给出及时的指令。应用层在接到指令后能够做出及时、准确的响应。智慧管理平台能够实现能耗监测，采集、分析不同区域、不同终端的能源消耗数据，以便实时和全面掌握能源消耗实际情况，及时发现异常并做出处理，并以此为基础识别节能空间，制定节能措施。

（5）定期维护清洗

通风空调设备定期清洗与维护，不仅能够及时发现潜在问题并及时提供解决方案，还能在一定程度上提高设备运行效率和使用效果，避免因脏污堵塞引起的能耗增加和设备故障引起的能源浪费，更能够延长设备使用寿命，达到节能减碳的效果。

2. 照明系统

（1）天然光源应用设计

在铁路车站内，为了保证乘客乘车过程的舒适度和安全性，需要在每一个乘客活动区域和范围内均设置光源，以提供良好的照明条件。为了减少照明时间的照明覆盖区域，可以在新建工程设计中侧重自然光源的应用，通过采用透光材料合理设置窗户，利用白天的自然光线提供照明。主要可分为两部分：一部分是车站整体设计，采用具有隔热功能的玻璃或其他材料，在保证建筑物强度和安全性能的基础上，尽可能使阳光照射进车站内部，以减少车站内白天对照明设备的依赖；另一部分是车站内部，尽量选用承载强度可靠的隔断，使天然光源在车站内部也能顺利传播，使更多区域使用自然光而减少照明设备的使用。需要注意的是，透光材料的选用首先要满足安全需求，其次要考虑其隔热性能，如果只考虑透光而以增加热源为代价，将会增加车站内空调系统的使用数量和时间，节能减排效果将会适得其反。

（2）照明系统划分设计

铁路车站内人员分布广泛，但是有人员密集区域和人员稀疏区域，不同功能区对于光照条件的要求也不尽相同，因此可以对车站进行设计阶段的照明系统划分。首先对车站内区域进行基于功能的照明需求分析，确定不同区域的照明强度、亮度等要求，如服务台、进站口等处人员较为密集且涉及乘客与相关工作人员之间的沟通与交流，需要较为充足且舒适的光照；而行李寄存处等则需要十分明亮的照明为乘客提供服务；一些临时休息区域和零散乘客活动区域则不需要特别明亮的照明，光线柔和一点即可。然后根据照明需求进行分区域的灯具选择和布局，如有需要可以使用建筑材料等进行光照补偿和配合。

（3）智能调节控制设计

智能调节控制应用于车站整体，通过传感器、数据传输设备、数据处理设备和远程操纵设备，针对实际情况实时进行照明控制。对车站分区域进行传感器的选择与布置，用以检测该区域人员活动情况和现场实际照明情况，并将这些数据通过数据传输设备传输至数据处理终端，通过终端的算法和程序对不同区域应该采取何种调节做出判断和决策，并控制照明系统完成调节。针对不同时间段、不同天气状况、人员密集程度等，使照明系统控制更加灵活、智能化和人性化。

3. 其他

其他用能设备主要包括电梯系统、办公系统、弱电系统等。电梯系统主要服务于旅客，方便旅客走行和换乘等，分为扶梯和直梯两种类型。电梯用能影响因素主要有：负载程度、运行速度、使用频率、环境温度等，随着负载程度、运行速度、使用频率、环境温度等的增加，能耗呈现增加的趋势。

电梯系统节能主要考虑智能运行、优化设计、能量回收和维护管理。

智能运行就是采用群控系统，通过实时采集电梯使用情况，利用变频调控技术进行电梯点击调速，控制电梯运行状态并对其启动、匀速、缓速和停止各运行环节进行高效、适当切换，避免电梯空载运行，同时避免转换不当引起的机械冲击，造成能耗增加。此外，电梯轿厢内的照明和风扇可以根据使用情况自动开关，在无人时关闭。

优化设计就是采用轻量化设计和低能耗组件：轻量化设计是指采用轻质材料和紧凑结构减少电梯自身重量，从而降低运行能耗；低能耗组件是指选择低能耗的控制器、显示器和照明设备，进一步降低电梯的总能耗。

能量回收就是利用电梯运行产生的机械能（尤其是在电梯减速或制动过程中），通过技术方式转化为电能或其他形式的能量，并应用到车站运行当中，达到降低电梯运行能耗的目的。

维护管理就是通过定期对电梯进行检修和维护确保其高效运行，避免因设备老化或故障导致的能耗增加，通过定期润滑电梯的机械部件，减少摩擦损耗，提高运行效率。

办公系统和弱电系统等用能较为稳定，并不会随着旅客人数的改变而产生较大波动，因此重点在于工作人员日常习惯，不作为本书的重点研究对象。

三、工程原材料选择

工程原材料从生产建设、建成使用到报废换新的全过程均会产生碳排放，其中生产和建设过程对碳排放的贡献较大，选择低碳原材料对于减少碳排放至关重要。低碳原材料具有可持续性、环保性和低排放等特点，可有效降低工程主体在使用过程中产生的碳排放，还能在一定程度上提高工程主体的功能和使用寿命，间接减少碳排放。在工程主体达到使用年限后需要进行报废拆除，低碳原材料自身可再生和可分解等特性亦可减少碳排放。

工程原材料低碳化，首先考虑采用再生性材料和可回收利用材料，在安全和稳定的前提下通过回收利用废旧材料，可以在一定程度上降低和减少新原材料的需求。废弃混凝土和建筑垃圾等的回收再利用可用于再生骨料的制作，用于生产混凝土，既减少了废弃物，又降低了碳排放。其次考虑选用低碳环保型原材料，兼顾安全性、实用性和低碳性，选择环保混凝土、可降解塑料等更加环保和节能的原材料。最后，使用高性能原材料或在原材料中添加高性能掺和剂，以提高原材料性能，减少材料用量和维护成本，降低碳排放。这些低碳原材料的应用不仅能减少原材料生产、制造过程中的碳排放和铁路工程建设过程中的碳排放，还能提升工程的可持续发展能力。

第三节　结构施工与维护低碳化

结构施工与维护低碳化的途径主要有两个方面：一是施工工艺与方案的低碳化，二是施工与维护装备的低碳化。前者强调材料选用、施工组织、工序优化、场地优化、新能源施工设备运用等方面；后者强调大型装备选型、油改电、技术改进等方面。

一、施工工艺与方案低碳化

1. 施工工艺低碳化

铁路专业工程施工工艺低碳化，就是在施工过程中尽可能减少二氧化碳排放。通过低碳施工工艺，可以在铁路各专业工程施工中有效减少能源消耗和碳排放，实现绿色施工和可持续发展。

在设计和施工方案优化上，通过合理选线设计，尽量避开地形复杂区域，减少土石方工程量，同时减少不必要的土石方调运距离和数量，以降低运输过程中的能耗和排放。施工过程中，可以通过采用预制构件工艺，减少现场浇筑量和施工时间，提高施工效率，降低施工现场的能耗和污染。

在材料选用方面，通过轻量化设计和高效结构形式的优化，减少材料的使用量，从源头上降低能耗和碳排放。选用高性能材料，减少材料的用量和更换频率。优先使用再生材料，减少对新资源的需求，同时尽量利用本地材料，减少长距离运输所带来的能耗和碳排放。

在机械化施工上，采用高效机械设备以提高作业效率，减少机械运行时间和燃料消耗，并保持机械设备的良好工作状态；进行定期维护，减少故障率，提高燃油效率。

优化施工工序，通过合理安排，采用连续作业方式减少施工中断和重复作业、无效作业；分段进行施工以减少施工时间，提升整体施工效率，降低能源消耗。施工过程中采用模块化施工方法，减少现场加工和拼装时间，提高施工效率，降低能耗。利用智能化施工技术，优化施工方案和流程，减少浪费。

在施工废弃物管理方面，施工过程中产生的废弃材料和构件尽量回收利用，用于其他施工，减少新材料的需求，并对不同类型的废弃物进行分类处置，减少对环境的影响，降低处理能耗。

在施工场地管理上，科学布置施工场地和临时设施，减少场地占用面积，降低土地使用对既有生态和环境的影响。通过在施工现场种植植被减少扬尘，改善施工环境质量。

通过建立能耗监测体系，实时监控各环节的能耗情况，及时调整施工方案。定期进行碳排放评估，分析施工过程中的碳排放情况，提出改进措施，不断优化施工工艺。采用节能技术与设备，推广使用新能源设备，以减少传统燃油设备的使用，降低碳排放。

2. 方案低碳化

铁路专业工程施工方案低碳化，就是通过优化施工方案达到减少碳排放、节约能源、提高资源利用效率的目的。

优化设计和选材，贯彻节能减排理念，优化工程结构设计。采用轻量化设计减少材料使用量，同时选择低碳环保材料，如再生骨料、工业副产品和高性能混凝土等以减少碳排放。

选择和使用高效施工机械，如电动挖掘机、推土机和压路机，减少传统燃油机械的使用，降低能耗和排放；并定期维护和保养机械设备，确保其高效运行。

施工工艺方面，采用先进的施工工艺提高施工效率，减少材料和能源消耗。合理安排施工流程，减少机械空转和等待时间，通过精细化管理提高施工效率，减少不必要的能源浪费。推广使用预制装配式桥梁构件，在工厂内预制桥梁部件，减少现场施工时间和能耗，提高施工效率，减少现场污染。

施工现场管理方面，在施工现场推广使用节能设备，减少电力消耗；加强施工现场的废弃物管理，分类回收利用废旧材料，减少资源浪费。

环保措施包括在施工过程中采取防尘措施，如洒水降尘、覆盖裸露土方等，减少扬尘污染；在施工完成后进行绿化和生态恢复，减少环境影响。

二、施工与维护装备低碳化

1. 施工装备总体

（1）装备选型节能减碳

在装备选型方面，节能减碳的主要策略是优先选择高能效、低能耗和低排放的设备。包括选择燃油效率高的机械设备、电动设备和混合动力设备，以减少燃料消耗和二氧化碳排放。采用电力驱动设备不仅能降低能耗，还能减少施工现场的噪声和污染。选购装备时，还要考虑其生命周期的环保性能，包括制造过程中的碳排放、使用过程中的能耗以及报废后的回收处理。

（2）装备油改电新技术节能减碳

装备油改电的新技术在节能减碳方面具有显著优势。通过将传统燃油设备改造为电动设备，如采用电池供电或混合动力系统可以大幅减少燃油消耗和二氧化碳排放。这种改造不仅减少了直接排放，还减少了对化石燃料的依赖，进一步推动了可再生能源的使用。此外，电动设备的运行维护成本通常较低，长期来看具有经济效益。

（3）燃油添加剂节能减碳

燃油添加剂的使用是另一种有效的节能减碳措施。燃油添加剂可以改善燃料的燃烧效率，减少燃油消耗和有害排放物。通过在燃料中添加特定的化学物质能够提高燃烧效率，降低发动机的碳积累，减少排放物中的一氧化碳、氮氧化物和颗粒物等。常见的燃油添加剂包括清洁剂、催化剂和润滑剂等，它们能够提高发动机的性能，延长其使用寿命，并减少维护频率。在选择燃油添加剂时，应确保其符合相关环保标准，并经过充分验证和测试，确保其对设备和环境无害。

综合来看，装备选型、油改电新技术以及燃油添加剂的应用都是实现施工过程节能减碳的重要手段。通过科学合理的装备选择和技术应用，可以有效降低能耗和碳排放，为绿色施工和可持续发展提供有力支持。

2. 施工机械节能化改造

施工机械主要包括土石方机械、桩孔机械、起重机械、运输机械、混凝土及砂浆机械、加工机械、泵类机械、焊接机械、动力机械、地下工程机械等，通过对其进行节能化改造可以显著降低施工设备的能耗和排放，提高整体施工效率，推动绿色施工和可持续发展。

第一，需要对发动机进行优化，升级或更换为高效节能发动机，或者使用电动或混合动力系统替代传统柴油发动机，可以显著降低燃油消耗和排放。第二，改进液压系统，引入负荷感应液压系统，提高液压效率；并采用高效液压油，减少能量损耗。第三，安装智能控制系统，优化机械的工作模式，根据工作需求自动调整功率输出，避免过度能耗。第四，通过轻量化设计，使用高强度轻量化材料降低整机重量，从而减少燃油消耗并提高工作效率。第五，采用能量回收系统，回收起重过程中的制动能量，进一步提高能源利用效率。

3. 铁路维护装备低碳化

铁路维护装备主要包括道床捣固机、大型清筛机、动力稳定车、配砟整形车、轨道平车、接触网作业车、通信信号作业车。铁路维护装备低碳化就是通过技术手段和智能手段支撑下的节能化改造，降低铁路维护装备的能耗和碳排放量，实现节能减排和铁路绿色化发展。

铁路维护装备节能化改造，首先需要优化动力系统，采用高效节能发动机或电动动力系统，以减少燃油消耗和排放，同时可以考虑使用混合动力系统来降低燃油消耗。其次，液压系统的改进也非常重要，引入高效液压系统可以提高能量利用率，使用节能液压油可以减少能量损耗。再次，安装智能控制系统可以优化作业模式，自动调整功率输出，根据工作需求减少能耗。最后，通过整机轻量化设计，使用高强度轻量化材料降低机器重量，从而提高燃油效率并减少碳排放。

第四节　大宗工程物资运输节能减碳

工程物资运输作为铁路工程项目的关键环节，贯穿于工程建设全过程，且具有较低的关联影响度和较高的碳敏感性。工程结构因其安全性要求、工效性要求和实用性要求，以及与后续运营维护阶段高度的关联性和影响关系，无法在工程结构方面片面追求低碳或以低碳为主的设计思路，工程结构减碳可能会造成运营维护阶段更多的投入，包括人力、物力、财力的投入，也包括碳排放的额外增加。物资运输环节的低碳化并不影响工程结构本身，可以通过选择运输装备和制订运输方案达到节能减碳的目的。

一、铁路工程大宗物资运输特征

铁路工程大宗物资运输特征分析就是基于铁路工程建设项目关键子系统，确定工程物资种类，梳理各种工程材料的运输特征，包括运量、运距、流向、运输时间限制、运输工具限制，以及需要经过的运输节点等。根据铁路工程大宗物资的特征对其进行分类，结合各类物资运输全过程的运输组织方式特点，最终确定其运输方式。

1. 主要物资需求确定

铁路工程建设项目涉及桥涵、隧道、路基、轨道、电气化等多个关键子系统，各关键子系统有不同种类的物资需求。由于所需要运输的工程物资种类繁多、数量庞大，因此应该根据不同建设项目的具体情况和实际工艺等确定主要物资需求种类和需求数量。

2. 运量分析

铁路工程建设项目需要大量不同类型的物资，并且由于建设工期、质量要求等约束，需要进行复杂的供应链管理和施工规划，以保障施工组织等安排的顺利实施。修建一条铁路所需的材料量会受到多种因素的影响，包括铁路类型、线路长度、地形条件、设计标准等。需要根据物资的运量分析进行运输路径规划和资源调配与管理。

3. 运距分析

铁路建设中，物资的运距会受到包括供应来源的位置、施工现场的距离、运输方式等在内的多种因素影响，会根据具体情况而有所不同，通常都需要考虑采购地点、供应商位置以及施工现场的距离等因素综合确定。在铁路建设项目中，需要根据运输距离进行详细的物流规划和供应链管理，以确保材料的及时供应和施工计划的顺利推进。

4. 运输时间分析

铁路工程材料的及时、有效运输对于保证施工进度、提高施工效率、保障工程质量等具有重要意义。材料超长时限运输可能导致材料的损坏或变质，进而影响施工的质量和安全。特别是对于一些易受环境影响的材料，如水泥、砂浆、混凝土等，长时间的运输可能导致其性能受损，影响施工质量和安全。此外，及时运输材料不仅有助于保障工程质量和安全，还可节能减碳。

5. 运输节点分析

铁路工程材料的运输节点是指材料在从供应地到施工现场的整个运输过程中需要经过的重要环节或地点。这些节点在运输路径规划中具有关键的作用，运输过程中的运输方式、运输工具等均会影响到运输节点的改变，运输节点直接决定了运输路径和装卸次数等，影响着材料的运输时长、运输质量、运输能耗和碳排放。

二、铁路工程大宗物资分类

铁路工程大宗物资运输的数量、距离、时限和节点等在一定程度上决定了运输路径和运输方式，据此对所需物资进行分类。

堆存类：此类材料包括轨枕、钢轨、扣件、道砟等。从铁路工程材料来源处至大临场站（存放）至工地临时堆放地点至操作面，各运输阶段均会产生相应的运输费用和碳排放。在以上运输段中，大临场站（存放）和工地临时堆放地点作为中转节点，可能会因为运输方式的转换和装卸等作业而产生额外的装卸费用与装卸碳排放。该类型物资运输方式可以是铁路运输或公路运输。

大临场站加工类：此类材料包括预制梁、轨道板、级配碎石、改良土、干混砂浆等。从铁路工程材料来源处至大临场站（加工）至操作面，各运输阶段均会产生相应的运输费用和碳排放。在以上运输段中，大临场站（加工）作为中转节点，可能会因为运输方式的转换和装卸等作业而产生额外的装卸费用与装卸碳排放。该类型物资运输方式可以是铁路运输或公路运输。

小临场站加工类：此类材料包括钢筋、钢管等。从铁路工程材料来源处至小临场站（存放/加工）至操作面，各运输阶段均会产生相应的运输费用和碳排放。在以上运输段中，小临场站（加工）作为中转节点，可能会因为运输方式的转换和装卸等作业而产生额外的装卸费用与装卸碳排放。该类型物资运输方式可以是铁路运输或公路运输。

即时运输类：从铁路工程材料来源处至操作面，各运输阶段均会产生相应的运输费用和碳排放。该种方式一般仅适用于混凝土等即时性材料，且运输方式只能是公路运输。

三、铁路工程大宗物资低碳运输方案和优化机理

铁路工程大宗物资低碳运输优化机理就是规划铁路工程大宗物资运输路径，以达到降低运输费用、降低碳排放，实现节能减排的目的。规划铁路工程大宗物资运输路径可以缩短运输距离、减少中转次数，从而提高运输效率。通过选择最优路径和合理的运输方案，可以减少铁路工程材料运输时长和转运、装卸程序，减少运

费用。通过优化路径规划方式，可以有效降低铁路工程运输产生的碳排放。

1. 运输路径优化模型建立流程

运输路径优化就是通过寻求成本最低、碳排放量最小的运输路径，减少工程物资运输过程中的成本和碳排放量，提高其成本效益和环境效益，达到节能减碳的目的。

首先，根据实际道路情况与运输可通行道路分析，设计铁路工程大宗物资运输路网拓扑模型的存储与信息结构，通过获取所需区域的地图矢量数据，下载原始地图并提取道路网，对提取出的道路网进行进一步处理，建立铁路工程材料运输路网拓扑模型。

其次，通过分析网络中的各个节点和线路，以运输碳排放量最少、成本最低为目标，以运输距离、运输方式、运输成本等为约束条件，建立铁路工程大宗物资运输路径规划模型。

最后，引入碳交易政策，利用损害计算环境影响评价方法，将减少碳排放量的环境效益转化为与运输成本一致的货币成本，通过将环境成本纳入经济成本的做法，可以更准确地衡量生产和消费活动对环境的影响，从而有助于优化资源配置，提高资源利用效率，最终形成组合路径规划模型。

2. 模型求解方法

铁路工程材料运输路径系统优化是一类复杂的路径规划问题，其目标是在复杂的道路网络中选择一条最优路径，使得运输成本和碳排放量最小化。这类问题的解空间是离散的，并且随着节点数量的增加，问题的求解难度会呈指数级增长。因此针对大规模的路径规划问题，需要设计高效的算法来解决。[49]

针对铁路工程大宗物资运输问题所具有的运输网络多样且复杂、运输限制因素较多、运输方式转变、装卸转换等特性，路径规划算法需要综合考虑节点间的距离、道路条件、运输车辆的限制以及成本和碳排放量等因素，以找到最优的运输路径。

在研究铁路工程大宗物资运输问题时，应将减排工作纳入重要考量，考虑绿色低能耗的运输模式和经济合理的运输路线。兼顾运输过程中的碳排放和运输费用，选择出合适的物资运输方式和路径。这不仅对铁路建设项目的成本节约具有重要意义，也对其节能减排、助力国家"双碳"战略目标实现具有重要意义。

参考文献

[1] 刘春明. 铁路选线应综合考虑的主要问题[J]. 铁道勘察, 2007, 33(2): 69-72.
[2] 于天龙. 乌鲁木齐东环铁路联络线限制坡度方案研究[J]. 铁道建筑技术, 2024(2): 215-218.
[3] 刘士铎, 陈云. 铁路用耐低温减震橡胶制品的配方优化[J]. 橡胶科技, 2022, 20(8): 389-391.
[4] 余奇, 赵才友, 张鑫浩, 等. 铁路超材料波阻垫设计与频减振降噪应用研究[J]. 铁道科学与工程学报, 2024, 21(12): 1-11.
[5] 朱雅丽. 徐州港铁路专用线节能管理方案研究[J]. 市场周刊(理论研究), 2015(10): 128-129+83.
[6] 张洪亮, 等. 智能控制系统在铁路节能中的应用[J]. 交通运输工程学报, 2021, 19(2), 109-116.
[7] 高胜利. 神朔铁路机车智能驾驶通信信号系统设计及应用[J]. 机车电传动, 2020(5): 96-100.
[8] 艾国乐, 郝小礼, 刘仙萍, 等. 高速铁路上空安装光伏系统的节能潜力研究[J]. 太阳能学报, 2023, 44(2): 409-417.
[9] MYLLYVIRTA L, QIN Q. 2023年, 清洁能源成为中国经济的主要驱动力[J]. 能源, 2024(2): 73-80.
[10] 王永泽, 马龙. 铁路客运站能源管控系统发展趋势分析[J]. 铁路节能环保与安全卫生, 2018, 8(3): 125-128+131.
[11] 徐绍玉. 绿色建筑节能技术在铁路客运站房设计中的应用[J]. 铁道建筑技术, 2019(6): 63-67.
[12] 程璐. 能源管理系统在高铁站设计中的应用[J]. 现代建筑电气, 2020, 11(8): 31-34.
[13] 李宗明. "双碳"背景下新时代高铁站房设计策略[J]. 城市建筑空间, 2022, 29(6): 71-73+81.
[14] 韦健. 利用高铁站房发展分布式光伏发电及案例分析[J]. 能源研究与利用, 2018(2): 52-53+55.
[15] 韩志伟, 张凯. 智能车站的实践与思考[J]. 铁道经济研究, 2018(1): 1-6.
[16] 冯亦博. 能源管理系统在高铁站房中的应用[J]. 工业仪表与自动化装置, 2020(3): 88-92.
[17] 纪霞. 双碳背景下山东高速铁路绿色发展策略研究[J]. 山东交通科技, 2024(5): 160-163.
[18] 邓善飞. 铁路站房低碳电气技术应用研究[J]. 低碳世界, 2024, 14(4): 127-129.
[19] 李浩然, 周文波, 丁道祥, 等. 高速铁路车站地源热泵自控系统设计[J]. 中国设备工程, 2019(1): 175-177.
[20] 王亚清. 严寒地区站房地源热泵关键技术应用[J]. 安装, 2016(9): 35-37.
[21] 顾铭磊. 对铁路站场照明系统智能化改造的探究[J]. 数字技术与应用, 2019, 37(3): 174+176.
[22] 高迎梅. 变频节能技术在地铁通风空调系统中的应用[J]. 城市建设理论研究(电子版), 2024(17): 187-189.
[23] 郑钧曦. 铁路客站照明能耗特征及节能控制策略分析[J]. 光源与照明, 2023(12): 23-25.
[24] 雷琪. 铁路客站照明能耗特征及典型节能控制策略分析[J]. 光源与照明, 2023(3): 30-32.

[25] 蔡东豪. 铁路客站智能照明系统节能设计策略[J]. 光源与照明, 2022(5): 80-82.
[26] 赵灵燕. 低碳经济下LED灯具的优势及应用分析——以哈牡线电气化改造项目为例[J]. 光源与照明, 2021(11): 1-3.
[27] 贾志博. 基于无线物联网技术的铁路隧道智能照明系统研究[J]. 铁道标准设计, 2024, 1-7.
[28] 李瑞. 铁路智能车站设备节能集控系统研究[J]. 铁道运输与经济, 2018, 40(7): 53-57.
[29] 李强. 严寒地区地铁车站余热回收利用方案研究[J]. 现代城市轨道交通, 2023(6): 33-37.
[30] 张超, 苏兴矩. 北方地铁车站废热回收供暖应用[J]. 建筑技术, 2021, 52(S1): 70-71.
[31] 张贵忠, 赵鹏, 马晨鹏, 等. 铁路中小客站能源管理系统研究及应用[J]. 铁路技术创新, 2024(3): 97-103.
[32] 陈海涛, 邓运清, 徐升桥. 高速铁路常用跨度32m预应力混凝土简支箱梁优化设计研究[J]. 铁道标准设计, 2023, 67(9): 76-82.
[33] 韩丽娟. 浅析我国高速铁路项目施工现场节能降耗措施[J]. 建设监理, 2019(4): 75-77.
[34] 丁建, 刘新星, 徐红刚, 等. 绿色施工在京张高铁中的应用[J]. 建筑技术, 2024, 55(3): 288-292.
[35] 庞玲, 宋佳宁, 井国庆. 复合轨枕存在问题及解决方法[J]. 中国铁路, 2020(9): 117-121.
[36] 曹萍. 铁路物流运输管理模式研究[J]. 中国航务周刊, 2024(5): 61-63.
[37] 郭胜杰, 毕宏友, 李林卿. 双碳背景下我国铁路多式联运发展对策[J]. 综合运输, 2024, 46(6): 156-160+187.
[38] 杨育龙. 铁路运输结构优化与安全管理措施分析[J]. 甘肃科技, 2022, 38(10): 63-65+69.
[39] 鲍学英, 柴乃杰, 王起才. 基于G1法和改进DEA的铁路绿色施工节能措施综合效果研究[J]. 铁道学报, 2018, 40(10): 15-22.
[40] 舒小龙. 铁路连续梁转体施工工艺及经济性分析[J]. 铁路工程技术与经济, 2024, 39(6): 42-46.
[41] 韩月亮, 吕燕军. 基于BIM技术的铁路综合项目施工数字化、信息化技术及其应用研究[J]. 建设科技, 2019(6): 88-93.
[42] 杨万平. 轨检车在地铁轨道设备养修中的运用研究[J]. 低碳世界, 2021, 11(6): 229-230.
[43] 孔文亚, 周立新, 王君楼. 高速铁路隧道钻爆法机械化施工关键技术和装备[J]. 铁道建筑, 2024, 64(6): 109-113.
[44] 李红侠. 京张高速铁路智能化技术应用进展[J]. 铁道标准设计, 2021, 65(5): 158-161.
[45] 王飞. 高速铁路智慧能源管理系统设计研究[J]. 电脑知识与技术, 2023, 19(23): 50-52+56.
[46] 韩成福, 李玉忠, 牛涛, 等. 西宁车站道岔清扫机研究与开发[J]. 青海科技, 2020, 27(1): 35-38.
[47] 宸宇. 多移动机械臂自主协同作业系统的设计与优化[J]. 设备管理与维修, 2024(12): 114-116.
[48] YOON Y H, KIM J M. Design of hybrid type streetlight for railway station with renewable energy[J]. The Transactions of the Korean Institute of Electrical Engineers, 2016, 65(12): 2103-2108.
[49] 翁浧元, 单杏花, 朱建军, 等. 基于时间扩展图的旅客联程运输路径规划算法研究[J]. 铁道运输与经济, 2024, 46(8): 82-90.

第四章　铁路"移动装备节能"减碳机制

本章中的移动装备包括铁路机车-车辆动车组，还包括运营维护阶段不可或缺的大型养路机械。移动装备主要通过节能达到减碳的目的。机车主要考虑提高牵引效率来降低能耗，车辆则侧重车体轻量化和列车流线化以减少运行阻力和运行能耗，动车组既考虑牵引效率又考虑轻量化和流线化。列车运用节能就是节能操纵和运行优化，提高运行效率；大型养路机械节能主要包括提高机械效率和使用清洁能源。

第一节　铁路列车节能现状

通过机车节能设计、车体轻量化、列车头型优化、外形流线化、节能操纵、运行组织优化、大型养路机械的节能改造以及智能化技术的应用，各方面的创新和技术进步不断推动着铁路运输的节能降耗。这些措施不仅显著提升了列车的运行效率，减少了能源消耗和环境污染，同时也为实现可持续发展的交通运输系统提供了强有力的技术支撑。

一、车体设计节能

1. 机车节能设计

机车节能设计主要围绕提高牵引效率和热效率展开，通过引入先进技术和优化设计显著降低能源消耗。为了提升牵引效率，机车广泛采用永磁同步电机（permanent magnet synchronous motor，PMSM），其与传统电机相比具有高功率密度以及高效率。[1] 在电力机车和混合动力机车制动时会产生动能，通过再生制动技术将其转变为电能储存起来供其他用电设备使用，显著提高了牵引用电的利用率。[2] 现如今，仍有部分内燃机车投入使用，提高热效率是其节能减排的关键所在。为了实现这一目的，采用混合动力系统，将内燃机和电动机结合，减少内燃机的使用，减少燃油消耗；使用缸内直喷等技术提高燃料燃烧效率，减少燃油消耗。利用余热锅炉等余热回收设备将产生的废热转化为电能或者用于加热供其他设备使用，大大提高了燃料的利用率。[3-4]

2. 车体轻量化

车体轻量化是提高铁路车辆和动车组能效的重要方向，通过减轻车体重量降低车辆和动车组运行阻力，提高加速性能和运行效率。从材料入手，选择具有轻质和高强度特性的材料，如铝合金、碳纤维复合材料和镁合金等，在保证列车正常运行的前提下减轻车体重量，降低机车牵引和动车组运行能耗，并提高运行效率。[5]拥有了更优质的材料选择，还需要综合考量材料布局设置，通过结构优化设计，在保证机车强度和刚度的前提下减少材料的使用并优化机车的材料布局，不仅可降低运行能耗，还能够减少制造成本。拥有具体的材料和设计方法后，在焊接工艺上也应进行优化，通过使用激光焊接等新型焊接技术不仅能够提高焊接的质量和强度，还能够提高作业效率。[6]国内的"复兴号"动车组就采用了大量的铝合金材料和优化设计，使车体的重量显著降低，从而提高了运行效率，达到了节能的目的。

3. 列车头型优化

列车头型的优化设计可以显著降低空气阻力，从而实现节能目的。通过流体力学计算和风洞实验设计出具有低空气阻力的车头形状，可以减少列车运行中的能耗。[7-8]现代高速列车如日本的新干线和法国的TGV在头型设计上都采用了流线型设计，大幅度降低了空气阻力。例如，中国高速动车组在设计中充分考虑了头型优化，不仅大大提升了节能效果，还提高了列车的运行速度和稳定性。优化后的车头形状能够有效减少列车在高速运行中遇到的空气阻力，降低能耗的同时也减少了噪声，提升了乘坐舒适度。

4. 列车外形优化

不仅是列车头型，整个列车的外形优化对节能也有重要影响。流线型的车体设计可以减少空气阻力，提高能效。通过采用先进的计算机仿真技术，可以进一步优化车体外形，提升列车的整体节能性能。[9-10]例如，现代列车通过车体边缘的圆润处理和车厢连接处的密封设计，有效减少了空气阻力和风噪。[11]在侧面流线化设计方面，可优化表面光滑度和形状、使用高光滑度材料和涂层、采用流线型侧窗设计和嵌入式车门以提高密封性能。[12] 在顶部流线化设计中，可优化车顶弧度和附件布局，使用流线型遮罩覆盖车顶设备。[13] 底部流线化设计包括安装整流板和优化底部设备布局，使用轻质高强度材料和流线型外壳。[14] 此外，列车外形的优化设计不仅有助于降低能耗，还能提升乘客的乘坐舒适度和整体运行的平稳性。整体外形的流线化处理使得列车在高速运行时更加稳定和安全。

二、列车运用节能

1. 列车节能操纵

列车节能操纵技术主要包括驾驶员培训和自动驾驶系统的应用。通过优化驾驶策略，可以显著降低能耗。例如，采用能量回收系统和智能驾驶系统可以实现列车的节能运行。[15] 在驾驶员培训方面，通过模拟训练和节能驾驶技术的普及，可以帮助驾驶员掌握最佳的驾驶方式，从而减少不必要的能量浪费。此外，自动驾驶系统的应用可以根据实时路况和列车状态自动调整运行参数，从而最大限度地节约能源，实现最佳能耗效率。[16]

2. 列车运行组织优化节能

优化列车运行组织也是实现节能的重要途径。通过科学合理的列车运行组织设计和调度，可以减少列车的待机时间和不必要的停站，从而节约能源。例如，通过优化列车的发车时间和间隔，可以减少列车流在运行中的相互干扰，提高整体运行效率。此外，通过合理安排列车的停靠站点和停靠时间可以有效减少列车在站等待时长，从而节省能源。[17]

3. 运行图优化节能

运行图优化是实现铁路运输节能的重要手段。通过优化列车运行图，可以减少列车间的相互干扰，提高运行效率。例如，采用智能调度系统和大数据分析技术，可以进一步优化列车运行图，实现节能目标。智能调度系统可以实时监控列车运行状态，并根据实际情况进行动态调整，从而确保列车以最佳能效运行。[18] 此外，大数据分析技术可以通过对历史运行数据的分析，找出节能的最佳运行方案。通过对列车运行数据的深度挖掘可以发现节能潜力，并制定相应的优化策略。[19]

三、大型养路机械的节能或油改电

大型养路机械如捣固机、清筛车、稳定车、道床整形车和接触网作业车等的节能改造也是当前重要的研究方向。通过油改电技术，可以减少这些机械的燃油消耗，降低污染。[20] 此外，采用先进的节能技术和设备可以进一步提高这些机械的工作效率和节能效果。例如，通过使用电动驱动系统替代传统的柴油发动机，可以显著降低能源消耗和排放。[21] 同时，现代化的控制系统和高效的工作模式也能提升工作效率，减少能源浪费。通过智能化和电气化改造，不仅能提高工作效率，还能显著减少环境污染。

四、智能化技术节能

智能化技术在铁路节能中的应用越来越广泛。例如，通过采用车联网技术和大数据分析，可以实现列车运行状态的实时监控和优化，从而达到节能的目的；通过铁路网络的数字化优化运营，可以提高运输效率，降低能耗。[22] 智能化技术还可以用于列车健康状态的检测、预测和维护，减少故障率和能源浪费。例如，通过安装智能传感器，可以实时监测列车各个部件的工作状态，及时发现并解决潜在问题，从而减少不必要的能量浪费和设备损坏。[23] 此外，车联网技术的应用，使得列车能够通过网络连接，实现信息的实时共享和动态调整，进一步提高了运行效率和节能效果。[24]

第二节 机车节能减碳机制

一、政策导向

《推动铁路行业低碳发展实施方案》提出，"推动运输装备低碳转型"的实现途径为加快机车车辆更新换代、降低内燃机车排放水平。

加快机车车辆更新换代方面，主要举措如下：一是加快推进电力机车替代内燃机车，提升电力机车承运比重。二是推动超低和近零排放车辆规模化应用。三是扩大"复兴号"动车组等新型低能耗、低噪声移动装备的应用范围。四是逐步淘汰年限久、能耗高、排放不达标的老旧车和空调发电车、车载燃煤设备、大型高能耗作业装备。五是加快推进装用新一代低排放、低油耗中高速柴油机的内燃机车研制应用，采用内电、电-电等混合动力技术，实现对调车内燃机车的替代应用。六是基于高效永磁牵引电机、直驱传动系统、高频牵引变流系统、动力电池集成应用等创新技术，研制并批量应用新一代电力机车，提升整车效率、功率因数、综合能耗、外部噪声及检修周期等能效水平。七是推动氢燃料电池、低碳燃料发动机及多元组合动力在站场调车作业及短途低运量城际、市域客运牵引场景的示范应用。八是加大 CR450 科技创新工程关键核心技术攻关力度，开展列车减阻提效、噪声控制等关键技术研究，打造更加节能环保的新一代高速动车组技术平台。九是积极争取国家节能减排专项资金，推进机车车辆更新、旅客列车空调节能变频改造和制冷剂绿色升级。新增机车应优先购置新型低能耗、低排放机车。十是具备条件的铁路物流基地内部车辆装备和场内作业机械等总体完成新能源、清洁能源动力更新替代。

降低内燃机车排放水平方面，主要举措如下：一是大力推进高耗能高排放机车新能源化提升替换工作，开展既有老旧内燃机车柴油机排放优化升级技术研究。二是新造内燃机车应采用新技术，实现柴油机排放、油耗指标均达到国际先进水平，有效控制内燃机车碳排放。三是开发储能、燃料电池、替代燃料等低碳新技术。四是推广列车自动驾驶、智能能源管理等智能化和自动化技术，提高铁路运输系统能效。

机车节能减碳就是通过电力机车关键牵引部位替换与系统升级、内燃机车牵引效率提升和机车能源替代、老旧型内燃机车淘汰等，减少机车运用产生的能源消耗和碳排放。机车关键牵引部位替换是指机车牵引电机的节能化、高效率替代，通过替换降低能量损耗，提高电机的利用效率。内燃牵引效率提升是指采用混合动力系统、运用动力回收方式和使用燃油催化剂等提高燃油效率，减少碳排放。机车能源替代是指使用相对更加清洁的能源，燃油机车电力化、机车清洁能源化等，实现机车运用的高效率、低能耗和零排放。老旧型内燃机车淘汰则需要依靠政策监督、管理、鼓励和引导铁路行业新一轮大规模设备更新换代，加强老旧型铁路内燃机车淘汰更新。

二、电力牵引系统

1. 牵引电机的替换

铁路电力机车的牵引电动机是列车行驶的核心驱动装置，其能效直接关系到列车运行的整体能源消耗和运行成本。

第一，采用高效节能的牵引电动机，通过采用更先进的电磁设计和材料，[25]

减少电机中的电磁损耗和机械损耗，以获得更高的功率密度和效率；同时优化牵引力和速度的关系，实现最佳的牵引工况，减少不必要的能耗。第二，选用功率合适的电动机，避免"大马拉小车"的现象，提高电动机的效率和功率因数，减少电能损耗。第三，采用智能控制系统，优化牵引电机控制策略，确保电机在不同工况下均能保持最佳的能效状态；优化电机的负载和运行速度，使其始终工作在高效区间，从而提高电机效率，降低牵引能耗，实现牵引电动机的节能运行。

通过替换更高效的牵引电动机和优化控制技术等，铁路电力机车在能源消耗上可以实现显著的节约，且因其通常具有更长的寿命和更低的维护需求而减少了维修成本，减少了电机更换过程中的能源浪费。

2. 电气部件的升级

铁路电力机车电气部件的升级可以显著提升能效、降低能耗，从而实现节能减碳。电气部件的优化涉及多个系统和部件，如牵引电机、牵引变流器、电池系统、辅助供电系统等。通过采用更先进的技术和更高效的部件可提升整体能效水平。

牵引变流器是电力机车中将接触网电能转化为牵引电动机所需电能的关键设备，通过提高其功率转换效率，减少功率转换中的损耗，以提升变流器的效率；通过提高其开关频率，减少谐波失真和电磁干扰，提升电机驱动效率，同时减少对接触网的反向干扰。引入储能系统和电池系统，在列车制动时储存再生的电能；在起动或加速时释放，减少对外部电力的需求，并通过高效的电池管理系统精确监控和控制储能设备，确保电池系统在最佳状态下运行，进一步提升能源利用率。电力机车不仅需要驱动系统，还需要辅助供电系统为空调、照明、制动系统等提供电能，因此优化辅助供电系统也是节能的重要手段。通过采用效率更高的辅助逆变器可以减少电能转换过程中的损耗，确保辅助系统的低能耗运行；通过智能化电力管理系统优化辅助供电设备的工作模式，以减少不必要的能量消耗。

综上所述，铁路电力机车的电气部件升级是实现铁路运输节能减排的重要途径。通过优化牵引变流器、电池系统、辅助供电系统等可以显著提升机车的能效，降低电能消耗，减少碳排放。

3. 制动系统的改进

铁路电力机车的制动系统在列车运行过程中起着至关重要的作用，制动系统的改进不仅能够提升列车运行的安全性，还能显著提高节能效果。通过优化制动系统，尤其是利用再生制动技术，将列车的动能转化为电能并回收利用，可以有效减少能源浪费和制动损耗。

再生制动技术是电力机车制动系统节能的核心技术之一，通过再生制动能够回收列车动能并回馈给电网或储能系统，显著减少电力消耗。除了将再生电能回馈电网，还可以在列车上配备储能装置，将再生制动产生的电能储存起来，在需要时为列车加速提供能量，有效降低电力系统的能耗，优化整个电力系统的稳定性。电磁制动是一种辅助制动技术，可以通过电磁制动与再生制动的结合，提供更大的制动力并减少能量损耗。此外，还可以通过智能化控制管理系统根据实时运行状态精确控制制动过程，从而优化能量回收和制动效果。

铁路电力机车的制动系统改进可以显著提高能源利用率，减少能源消耗。再生制动技术、混合制动系统、储能装置的引入以及智能制动管理系统的应用，能够在列车的制动过程中最大化动能回收，减少机械损耗，从而实现节能减排的目标。这些技术的协同应用不仅可以降低列车的运行成本，还能够提高铁路运输的整体效率，促进绿色交通的发展。

三、内燃牵引系统

1. 机车混合动力系统的节能减碳机理

机车混合动力系统将内燃机和电动机结合在一起，通过优化能源利用和动力分配，提高整体效率并减少碳排放。

机车混合动力系统首先通过一部分的燃油向电力消耗的转变，减少能耗和碳排放。其次，机车混合动力系统通过内燃机和电动机协同配合工作，内燃机在高效工况下工作，电动机在停车或低速运行等低负荷或低速时辅助提供动力，此时关闭内燃机仅使用电动机，能够避免内燃机在低效状态下运行，提高其运行效率，减少燃油消耗和排放以达到节能的效果。在内燃机和电动机协同配合工作过程中，通过智能控制系统实现内燃机和电动机的最佳切换与配合，提高整体运行效率。

在列车制动或下坡时机车混合动力系统中的电动机作为发电机，将动能转换为电能储存起来用于之后的驱动，减少能源浪费。

2. 机车柴油燃烧率提高的基本原理

提高机车柴油燃烧率就是优化机车柴油燃烧过程，使气缸内的燃油更充分、更完全燃烧，同时减少未燃烧和未完全燃烧的碳氢化合物和烟尘排放。

在设计层面，可以通过改进燃烧室的形状和材料，优化燃油喷射方式和空气流动路径，促进柴油的充分、完全燃烧，提高燃烧比和燃烧效率。

在技术层面，可以采用改进喷油技术、改进增压技术、提高发动机的压缩比和应用电子控制技术等先进技术。改进喷油技术是指采用高压共轨喷射系统，使燃油在供给时更充分地雾化、更精确地喷油、更全面地覆盖，确保燃油与空气充分混合，促进柴油利用程度和燃烧效率；改进增压技术是指使用涡轮增压器增加进气压力，通过进气压力的增加提高气缸内空气密度和氧气含量，促进燃油与氧气的充分结合和接触，使其充分燃烧；提高发动机的压缩比是指增加气缸内的压力和温度，使燃油更容易点燃和更完全燃烧；应用电子控制技术是指在燃油过程中实时监控燃烧过程中的各项参数，针对出现的问题及时调整，并根据统计数据提出提高燃油燃烧率的方法与途径，实现最佳燃烧状态。

3. 机车能量回收的原理

机车能量回收就是将机车运行过程中除动能之外其他形式的能量收集、转化传输和储存的过程。近年来，能量收集技术取得了重大进步，为绿色和智能铁路发展提供了新的机遇，[26]通过将原本浪费的能量转化为有用的能量，可提高整体能效，减少能源消耗和排放。机车能量回收包括机车热能回收和机车动能回收、再生制动能回收。

机车热能回收就是将机车运行产生的余热、废热转化成电能。在柴油机车中，发动机运转时产生的废热可以通过热电发电模块转化为电能，供列车上的辅助系统使用，或者可以通过安装废热回收锅炉将发动机排气中的热能回收利用，用于加热或驱动其他机械设备；柴油机车在某些情况下可以使用蒸汽涡轮发电机系统将废热转化为电能；利用发动机冷却系统中的热量加热列车内部环境或为其他需要热源的系统提供能量。

机车动能回收就是在机车减速或制动时，通过技术手段将机车的动能由电动机转化为电能，并储存在蓄电池或超级电容器中。之后，这些电能可以用于辅助机车加速或维持低速运行，减少燃油消耗。

再生制动能回收就是在制动过程中让电动机反向工作，将车辆的制动能等动能转换为电能反馈到电网或储存起来，减少了机械制动器的磨损，还提高了能量利用效率。

4. 机车燃油催化剂的添加效果

燃油催化剂是在燃料（柴油）燃烧过程中能起到促进燃烧作用的物质，燃料完全燃烧的好处包括降低燃料的消耗、减少废气排放、减少油渣在引擎表面的沉积和提升机车动力性能。添加燃油催化剂是一种提高燃油效率和减少排放的方法。

燃油催化剂能够提高燃料的燃烧效率，通过促进燃油分子间的反应增强燃油的燃烧速率和完全性，使更多的燃油在气缸内完全燃烧，减少未完全燃烧的废气和烟尘排放。燃油在气缸内完全燃烧能够促进燃烧室清洁和减少喷油嘴与进气阀等部位的积碳，能够维持发动机在最佳状态下运行，提高发动机的整体寿命和可靠性，间接、有效降低发动机的维修频率和成本。同时，通过提高燃油的燃烧效率和减少积碳，能够有效降低废气中的有害物质，如碳氢化合物（HC）、一氧化碳（CO）和颗粒物（PM）的排放。

四、机车能源替代

1. 氢能源机车的基本原理

氢能是氢和氧进行化学反应释放出的化学能，是一种二次清洁能源，是在碳达峰、碳中和的大背景下，被加速开发利用的一种清洁能源。[27]

氢能源机车使用氢燃料电池作为动力源。氢气通过高压储氢罐储存，并通过管路输送到燃料电池系统。在燃料电池中，氢气通过电极进入燃料电池的阳极，氢分子在催化剂的作用下分解成质子和电子，质子通过电解质膜到达阴极，与通过阴极进入燃料电池的空气中的氧气结合生成水，电子则通过外部电路流动，以此形成电流为电动机和其他机车设备提供电能。在氢能源使用全过程，质子、电子和空气中的氧气在阴极结合生成水蒸气，水蒸气作为燃料电池唯一的排放物，环保且无任何污染。燃料电池中形成的电流作为机车电动机的驱动，实现机车的推进和运行。此外，燃料电池的电能可以直接驱动电动机，也可以存储在电池中以备高负荷使用。

氢能源机车的优势在于高能量密度、零碳排放和高效能量转换。氢能源机车在运行过程中只排放水蒸气，无二氧化碳等气体，具有显著的减碳效果和环保效益。

2. 调车机车电力化

调车机车电力化就是通过高能蓄电池系统取代传统内燃机，实现调车作业的高效率、低能耗和零排放。

电气化调车机车使用长寿命、高能量密度和能够快速充电的锂离子电池或固态电池作为动力源。高能蓄电池为电动机提供电能，电动机驱动机车运行。由于电动机驱动具有高效率、低维护和即刻响应的优点，更适用于频繁起动和停止的调车作业。在调车机车制动和减速过程中电动机反向工作，将动能转化为电能回充电池，实现能量回收和再利用以提高整体能效。其中，可以使用集成智能控制系统，通过优化电池管理、能量分配和工作模式，实现最高效的能源利用和运行管理。

电力化调车机车相比内燃机车，其在运行过程中使用相对清洁的能源，无废气排放，能够减少能源消耗并提高利用率，显著降低空气污染和碳排放。其具有更高的能效和更低的运行成本。

五、老旧型铁路内燃机车淘汰

1. 国家政策的出台

《老旧型铁路内燃机车淘汰更新监督管理办法》（国铁设备监规〔2024〕24号）（以下简称《办法》）是国家铁路局为鼓励和引导铁路行业新一轮大规模设备更新换代，加强老旧型铁路内燃机车淘汰更新监督管理而制定的法规。该办法旨在鼓励和引导铁路行业进行设备更新换代，加强老旧型铁路内燃机车的淘汰更新监督管理，以优化铁路运力结构，提高铁路技术水平，保障铁路运输安全，并促进铁路绿色发展。

2. 关于机车淘汰

《办法》第二章规定了机车淘汰部分，详细规定了机车淘汰的基本原则、规划目标、运用要求以及报废处理等内容。其中，明确老旧型铁路内燃机车的报废运用年限为30年，至2027年年底重点区域的老旧型铁路内燃机车应当全部退出铁路运输市场，至2035年年底老旧型铁路内燃机车应当基本退出铁路运输市场。同时，也规定了机车报废的具体情形，如运用年限满30年、排气污染物排放不符合标准等。

淘汰老旧型铁路内燃机车对于促进铁路行业的绿色低碳发展具有至关重要的意义，其主要表现在以下三个层面：

首先，淘汰老旧型铁路内燃机车能够有效降低碳排放。此类机车普遍依赖化石燃料（如柴油）作为动力来源，其燃烧过程会产生大量二氧化碳及其他温室气体。

随着老旧机车的逐步淘汰，更环保、低碳的新能源机车将取而代之，显著减少铁路运输过程中的碳排放量。

其次，老旧型铁路内燃机车的淘汰更新亦推动了新能源机车的发展与应用。为了取代老旧机车，铁路行业必须引入更为环保、高效的新能源机车（如电力机车、氢能源机车等）。这些新能源机车不仅碳排放量低，而且能效更高、环保性能更优，有助于推动铁路行业的绿色转型。

最后，淘汰老旧型铁路内燃机车亦有助于提升铁路行业的整体技术水平与运输效率。随着新能源机车的引入及旧有机车的更新换代，铁路系统的技术水平与运输能力将得到显著提升，进而进一步提高铁路运输的效率与安全性。这种提升不仅有助于减少碳排放，还能促进铁路行业的可持续发展。

综上所述，老旧型铁路内燃机车的淘汰更新不仅能够直接减少碳排放，还能促进新能源机车的发展与应用，提升铁路行业的整体技术水平与运输效率，从而推动铁路行业的绿色低碳发展。

3. 关于机车更新部分

《办法》第三章规定了机车更新部分，主要说明了机车更新的技术要求、攻关方向、管理要求以及支持方向等内容。鼓励铁路装备设计制造企业开展更加安全、高效、绿色的铁路机车技术攻关和谱系化研究，以技术创新支撑引领铁路机车更新提质。同时，鼓励和支持相关铁路企业通过购置或者租赁模式推动新能源铁路机车应用，以实现绿色低碳为目标。

《办法》指出，新能源铁路机车是指包括但不限于采用动力电池、氢燃料电池、低碳/零碳发动机等非传统动力系统或者与柴油发电机组相结合的混合动力系统作为完全或主要牵引动力能量来源，以实现绿色低碳为目标的新型铁路机车。

第三节 车体节能减碳机制

车体节能减碳包括车体轻量化和列车流线化。车体轻量化就是运用轻量化材料、结构和工艺，有利于提升车辆速度，降低车辆运行能耗，减缓轮轨冲击并降低轮轨养修费用。列车流线化就是通过列车头型优化和列车外形流线化等设计改善列车运行与空气耦合关系，减小影响列车运行的阻力，降低运行能耗。

一、车体轻量化

车体轻量化是在保证列车整体品质、安全性能和成本造价满足要求的前提下，利用新材料、新技术等手段对车体整体重量进行减重的一种新技术。[28] 车体轻量化是减碳减排的一个重要抓手。车体轻量化的意义表现在：

① 增大车辆的起动、制动减速度，进一步提升列车运行速度，提升车辆的行驶速度和曲线通过速度；

② 降低列车制动时的惯性，提高运行效率，提高列车运行的安全性，降低车辆能耗；

③ 降低运行过程中对轨道的冲击，降低轨道维修费用。

车体轻量化的目的在于在安全稳定运行的基础上，最大限度地减轻空车质量。列车车体因其体积和质量等占比较大，成为列车轻量化设计的主要对象，车体轻量化设计的目标是在保证车体强度的前提下减小车体质量，增加车体刚度。[29] 轻量化设计的主要内容包括低密度材料的应用、车体结构的优化和加工工艺的优化等，即车体轻量化应该从新材料、新技术和新设计三个方面共同作用来实现。

随着技术的发展和技艺的进步，轻量化技术不再局限于轻量化材料的选择和使用，而是可以通过将使用轻量化材料和优化车体结构、提升加工工艺等结合起来，取长补短，相互促进。另外，车体轻量化还应该兼顾防灾性能和安全稳定以及乘坐体验感等方面。

车体本身重量在车辆总重的占比可以达到30%左右，因此车体轻量化应该首先考虑减轻车体本身的重量。除此之外，车内设施对列车轻量化的影响也不能忽视，应该在兼顾安全和舒适的条件下，对车内设施进行轻量化设计。

1. 铁路车辆车体轻量化设计方法

车体轻量化设计方法包括轻量化材料应用、轻量化结构设计和轻量化工艺优化三个方面。[29] 轻量化材料包括镁合金、铝合金、碳纤维和其他新型复合材料；轻量化结构设计是指通过拓扑优化、形状优化、尺寸优化和多学科设计优化等方法，通过改变结构达到轻量化的目的；轻量化工艺优化包括工艺参数优化、焊接方式优化等。

（1）轻量化材料应用

近年来，镁合金以其密度更小、质量更轻、性能更优、结构更稳等特点逐渐成为轻量化材料的首选。镁合金材料不仅在质量较轻的基础上保持了较高的强度和硬度，还具备优异的铸造性能和机械加工性能，具备较强的自动化生产能力和较好的振动能量吸收功能。[29] 此外，镁合金易于回收利用，对环境较为友好。

新型复合材料是在市场对于轻量化、高性能、多功能的车辆结构材料的要求下应运而生的。玻璃纤维复合材料、芳纶纤维复合材料、碳纤维复合材料等新型材料普遍具有轻量化、强设计性和高强度，为解决列车车体轻量化的设计问题提供了全新的可能。复合材料作为列车车体制造原材料的可塑性更强、可设计性更强，[5] 其良好、优异的性能可以为减小列车运行时的轮轨磨耗、减振降噪提供极大的可能。

（2）轻量化结构设计

结构优化设计方法就是通过拓扑优化设计方法、尺寸优化设计方法、形状优化设计方法、形貌优化设计方法、自由尺寸优化设计方法和自由形状优化设计方法等方法，在保证产品遵循既定的约束条件和达到预期的性能指标的基础上，达到产品质量减轻、用料减少、成本降低的目标。[29]

（3）轻量化工艺优化

工艺优化就是在新型材料和优化结构都不再发生效用时，考虑在既有材料和原有结构的基础上通过加工工艺进一步轻量化。[29] 优化加工工艺一般有两种途径：一种是在原有加工方法的基础上优化工艺参数；另一种是优化连接工艺，如焊接方法等，从而减小应力集中并实现轻量化。

工艺参数是影响成型产品尺寸、外观和性能的重要因素之一，工艺参数能够通过改进材料的微观结构影响构件生产质量，使其宏观表现为性能的提升。焊接方法中较为先进的是激光焊接，使用激光焊接能够达到高效率、小变形和能量密度集中，不仅能够减小总质量，还能在美观度等方面有所提升，且具备较强的焊接接头抗拉强度。

2. 高速动车组列车轻量化

高速动车组列车发展的一大趋势就是车体轻量化。高速动车组列车车体轻量化不仅可以降低制造耗材，还能降低动车组运行过程中的机械阻力和坡道阻力，减小运行中的冲击力；更重要的是轻量化的车体有助于降低轮轨间相互作用力，减少轮轨磨耗和轮轨变形的概率，降低动车组与线路维护成本，提升乘客乘车体验感和舒适度。高速动车组列车的主体结构和主要承载结构是车体，车体主体结构和配套设施质量占比超过40%，因此高速动车组列车轻量化的主要途径是降低车体质量。

高速动车组列车车体轻量化可以从以下几个方面着手：采用新型高强度材料、结构轻量化、配套设施轻量化。

需要注意的是，高速动车组作为一个庞大且复杂的耦合大系统，不能将任何一个部件或者结构独立考虑，必须从系统工程学和耦合动力学的角度考虑轻量化技术与改造给整车带来的影响及冲击。例如，考虑使用新型材料代替原材料，就必须考虑到该材料带来的强度、刚度、承载力和模态等性能的改变；考虑新型结构，就必须考虑新结构带来的对车体流线关系、轮轨关系等的影响。无论采取新型复合材料还是对其结构进行优化，都会对原结构各种性能产生动摇和改变，这种动摇和改变是否在列车安全稳定运行的允许范围之内，是进行列车轻量化设计必须考虑的问题。一方面，车体轻量化的直接后果就是车体整体质量降低，这种降低是否会引起车体刚度的降低，是否会加剧车体弹性振动，从而增大整体动车组振动而影响乘客乘车舒适度甚至安全性。另一方面，高速动车组材料和结构改变是否会导致列车流线化的改变，是否有利于动车组与空气动力性能的耦合，是否满足节能运行需要。

（1）采用新型轻质高强度材料

对于新型轻质材料的应用，随着科技的进步和技艺的成熟，其应用范围不仅限于列车内饰、小型设备、辅助设施等非承载部件和次承载部件，还应扩大到车体、转向架等主要承载结构。在动车组车体中，车体主结构虽然数量较少，但其质量大、体积大、承载大且对强度、刚度、硬度等要求较高；车内座椅、车窗等单体质量相对较小、体积较小且对材料的性能要求较低，但其数量众多。这两类部件均应重点考虑。

目前的轻量化材料中，以高性能铝合金和各类复合材料较为多见。高性能铝合金主要用于车体主体结构、牵引梁、枕梁和空调等设备的安装框等承载结构。其在保证结构性能的前提下降低了结构厚度，减轻了结构质量。

复合材料主要是指碳纤维复合材料，其具有密度小、强度高、热膨胀系数小、抗腐蚀、抗疲劳、可塑性强等优点。碳纤维复合材料可应用于内饰、外罩等诸多结构。

（2）结构优化设计

结构优化设计就是在保证动车组整体性能的目标下，在一定的约束条件下，通过选取最佳设计变量和结构实现车体轻量化。通常情况下，将新材料的使用和结构优化结合使用效果更佳。

（3）配套设施轻量化

① 通过新材料、新结构，降低车窗、座椅、结构柜等结构性能要求不严格但数量较多的设施设备的质量；

② 通过建立综合管控系统平台，实现车载控制系统智能化、集约化、小型化、数字化，减少各种电器柜的使用，减少车辆继电器和配线数量；

③ 基于结构形式、部件选型、箱体材料、制冷模式等因素，在制冷量保证的约束下，采用车体空调单元式分布和车顶安装方式。

3. 货车轻量化

铁路货运的发展以重载化、快速化、智慧化、绿色化等为发展方向和趋势，提高货物运输能力和运输效率是铁路货物运输的永恒主题与重要课题。降低货物列车自重，包括货车车体重量、附属设施设备重量和走行部重量等，首先能够在一定程度上减少制造原材料的使用和消耗；其次能够改善列车起动和制动性能，提高列车运行速度，同等牵引重量下降低牵引能耗；最后轻量化的货物列车结构还能有效减少货车轮轨间的动力作用，减少列车运行产生的振动和噪声，保护线路基础设施和车体自身，延长列车车辆和线路的使用寿命。

货运列车车体轻量化的一般思路是在满足货运列车一定的承载力、功能性和安全性的基础上通过材料选换、技术改进和结构改造等方法对原有车辆进行升级改造，实现轻量化设计。

铁路货物列车所选用的材料需要满足货物列车需要，基本要求就是工艺性良好、耐腐蚀性好、耐磨性良好、耐冲击力强和压延性良好。良好的工艺性能是为了保证部件的可加工性和可塑性、可焊性，保证无论采取何种焊接方式均能不产生焊接裂纹，满足不同部位的不同形状和功能要求，同时保证货物运输安全。耐腐蚀性对于货物列车十分重要，货物列车不仅要装载大质量、大体积的货物，还要受到雨雪、潮湿等不良环境的影响，空气中的氧气会对结构体材料造成一定的氧化反应，尤其是在货物列车的高应力部位和应力集中部位，这种腐蚀更加严重，因此需要选用抗腐蚀性良好的材料来提高车体结构耐腐蚀性，提高车体稳定性。货物列车需要提高车体和各部件的耐磨性，保证在长期的装卸货物作业中尽量减缓磨耗程度和减薄程度，提高列车使用寿命。货物列车在运行过程中载重较大，导致列车受到较大的惯性力，此时耐冲击性能够为列车安全稳定运行提供一定的保障。良好的压延性是为了保证货物列车具有良好的塑性和冷弯性能。

长期以来，减少货物列车各种组成部件的板材厚度都是货物列车轻量化的最直接有效的方法。但是，铁路货物列车设计和制造必须考虑到车辆的安全稳定性能、结构承载强度和服务维修年限等诸多方面的制约与要求，因此不可能无限度降低和减少用材。此时，选择密度小、强度高、结构好的新型材料作为车体材料成为车体轻量化的有效途径和直接方法。[30] 对于铁路货车的主要承载结构、承重结构和支撑结构，首选超强度钢；对于数量较多的非主要结构件，可以选择密度较低的铝合金材料和轻型复合材料。

在优化车体结构方面，在设计初期可以考虑对车体内部的各种设备进行更为合理的布置，整体把控车体结构及其荷载输入，并针对车体下吊的大质量、大体积设备采用弹性悬挂的方式。需要注意的是，悬挂系统自振频率不宜与整备状态下车体的频率一致。由于车体整体应力集中和应力较大的部位主要发生在牵引梁、波纹地板和下侧梁以及门窗角等处，因此应该合理布置车体梁柱，尽量使底架横梁、侧墙立柱和车顶弯梁形成一个整体环形结构，提高车体结构刚度，另外在侧墙和车顶纵梁设计制造时，尽量避免在中间位置断开，提高车体整体性。各部件过渡的地方应尽量设计圆滑过渡，避免应力集中。牵引梁和枕梁等应首选强度、刚度、硬度均较高的材料，可适当减小厚度，并在应力较小处合理开设减重孔，达到减重和轻量化的效果。

二、列车流线化

1. 节能减碳的基本机理

列车外形的优化和提升可以降低列车运行空气阻力和运行能耗。[31] 目前运行列车的牵引方式均为轮轨黏着，列车的运行阻力主要包括机械阻力和空气阻力。当列车处于低速运行状态时，列车主要受到机械阻力的影响，机械阻力是指包含弓网耦合和车轴轴承耦合在内的轮轨耦合，此时机械阻力大小与列车速度呈正相关关系；当列车进入高速运行状态时，阻力中的气动阻力迅速增加，列车所受阻力最主要是气动阻力，此时气动阻力与列车车速成正比，列车需要克服气动阻力做功与列车速度的立方成正比。

研究结果表明，流线型动车组运行速度达到300km/h，当列车头部长度略超过5m时，列车运行受到的总阻力中空气阻力占比超过85%；当列车头部长度为10m上下时，列车受到的总阻力中空气阻力占比为75%。由此，列车处于高速运行时运行能耗主要用于克服空气阻力做功，列车外形对列车运行能耗的影响不容忽视。[32]

当列车头部选择流线型结构时，列车头部尾部气动阻力明显下降，对列车进行流线化设计能够有效减少空气阻力。

列车流线化设计是一个整体的概念，不仅是指列车车头的流线型设计，还包含列车顶部、门窗、风挡等在内的列车表面的平滑连接和过渡设计，包括列车外部转向架、受电弓等凸出部分的屏蔽导流等，应从整体角度改善列车运行与空气耦合关系。

综上所述，列车流线化水平间接或直接影响列车的阻力减小程度和噪声降低程度，还涉及列车会车和进出隧道等，从而与列车节能运行和安全稳定运行产生直接关系。

2. 车头外形流线化的减碳机理

研究表明，列车头部处于非垂直面对气流状态，并且不存在大曲率棱角，列车头部形状变化部分长度与车辆宽度的比值大于1。[31] 此时无论列车头部呈现何种形状，所产生的空气阻力都几近相同。对于列车尾部，列车头部或尾部形状变化部分长度与车辆宽度的比值越大，表明列车尾部尖端越尖，则其产生的空气阻力越小。列车会车作业时，列车头部或尾部形状变化部分长度与车辆宽度的比越大，则列车压力变化越小，列车压力随着该值的增加呈现副峰值减小的趋势，且正峰值基本相当，在长大编组列车中尾部形状产生的影响较小。

（1）机车车头外形轮廓线设计

机车车头外形轮廓有三个基本参数，分别是沿机车长度方向的最大长度、机车车头最大宽度和机车车底架下部平面到机车头部最高处之间的距离即机车高度。沿机车最大长度增大将会直接加大列车头部的细长比，沿机车长度方向的最大长度越大，细长比越大，此时有利于减小列车运行空气阻力和缓解运行过程中的空气压力波。无论是普速列车还是高速列车，均受到列车车辆限界的要求和约束，因此机车车头最大宽度的调节范围十分有限。在机车车头最大宽度基本保持不变的前提下，机车高度与机车迎风面面积成正比，与列车运行受到的空气阻力值也呈现正相关关系，因此从尽可能减小空气阻力考虑，应该使机车高度尽量小。

（2）机车车头鼻锥设计

机车头部整体为扁梭状时，列车运行中迎面而来的气流大部分会朝向列车顶部流动，流向列车两侧的气流较少，此时可在一定程度上减小列车交会压力波而减小压力波对列车的影响。基于此，机车的鼻锥在设计时应该尽量在水平面维度上拓宽其宽度，采用相对偏大的曲率半径，并在纵向面采取相应措施，尽量使车头整体呈现扁梭形外形。

（3）其他

列车头型流线化设计不仅要考虑列车运行的高效节能，还要兼顾设计制造难度和列车运行的安全稳定性。

首先，在列车头型设计过程中，车头外形的流线化设计中极为关键和重要的是要确定头部结构外形轮廓的流线化。头部外形设计应尽量避免过于复杂的自由曲面设计和过于高难度的焊接等制作工艺。机车驾驶室梁应该尽量保持与机车头型一致，且应按照平面弯曲设计，避免外形曲面过于复杂。驾驶室骨架中的纵向梁应该按照平直设计且应设置为顺中心线方向，如果只注重头部结构的尖细程度就会导致纵向梁弯曲，对列车承载和加工制造均不利。

其次，所有的设计都应该以安全稳定运行为主，这里的安全包括驾驶安全和运行安全。驾驶安全方面，首先，列车头部外形尺寸设计必须考虑驾驶员的驾驶空间，[33] 使驾驶员具有合适的驾驶空间和驾驶界面，驾驶空间太大会增加驾驶员的操作维度和难度，驾驶空间太小会妨碍其操作从而影响驾驶安全。其次，要保证列车驾驶员具有良好的瞭望空间和瞭望视野，使其能够准确看到信号灯、限速标等目标物，以利于其更好作出判断和反应，保证行车安全。运行安全方面，列车头部设计应该综合考虑列车实际运营中可能会出现的各种荷载和工况，尤其是列车整体流线化设计与列车设备承载空间、旅客乘车空间等之间的矛盾，车体轻量设计与车体结构强度、承载力、抗冲击力、防撞等级等的矛盾，因此需要对列车进行安全校核，确保设计的合理性和运行的安全稳定性。

3. 列车外形仿生设计的减碳机理

高速列车头型仿生设计就是通过从自然界中获取设计灵感，从而提高列车节能水平以及提升列车运行安全性。[32]

根据海洋生物鲨鱼，日本开创了高速列车头型仿生设计的先河，设计出100系列车，该系列车型加大了头车的流线化长度，优化了列车的空气动力学性能。

随后，日本以翠鸟鸟喙为研究对象，研发了500系列列车，再次加大了头车的流线化程度，达到15m。同时根据飞机机舱的形状，在车体断面上采用了圆筒形结构，使整体车身呈现流线化效果，明显降低了列车气动阻力和噪声。

高速列车在进行交会时或者进入隧道时会产生一定的微气压波，研发人员根据鸭嘴兽的形象设计出头部横向左右两侧明显外凸的流线化形状，以减少列车交会或进入隧道带来的微气压波，减少运行阻力。

为了减小列车运行阻力和气流等产生的影响，降低列车运行时的气动阻力，韩国仿照鳟鱼设计研究了韩国第二代高速列车，整体提高了列车流线化；后为控制韩国国内主要城市间列车运行时间，进一步仿照鲨鱼的形态设计出 HEMU-430X 系列列车，进一步提高列车流线化程度，再次降低了列车运行阻力等不利因素的影响，提高了列车运行速度。

我国科研人员在高速列车流线化设计方面也进行了诸多尝试，包括参考马来虎、大鲵、海豚、中华鲟等形象。除此之外，学者们还通过多种生物融合的理念，以蜂鸟、大白鲨为原型，通过提取它们头部的主要特征并忽略次要特征，建立了列车头部的仿生型。

4. 列车外形设计的减碳机理

据相关研究表明，列车采用合理的流线化外形设计的主要目的是降低空气阻力和能耗，提高列车运行速度，提高列车运行的安全性和舒适度。[32]

（1）横截面形状和面积

改变列车的横截面形状，能够较为有效地改变侧向风和斜风所引起的气动力对列车运行产生的阻力。[31]列车横截面应该保持车体侧面平坦且侧面整体呈现渐缩、列车顶部圆润、列车车顶及车体侧面过渡处平滑的形态。列车的横截面面积在规定和要求范围内减小，有利于降低列车运行过程中的空气阻力，列车通过隧道时可以有效减小列车经过隧道口时的微气压波及隧道中的阻塞比和隧道内的压力变化，减小列车通过的风效应。

客运列车乘客舒适度等方面的要求和列车必要设备安装空间的设置导致列车长宽不一致，因此其横截面应尽量接近圆形，尽量圆滑化。在保证列车具备足够的设备空间和乘坐空间的前提下，列车横截面面积应尽可能小。

（2）车底上、下部形状

列车底部设计成全封闭、流线化，能够显著降低列车运行中的扰动气动阻力。列车车头尖端部下面部位加装罩板能够抑制空气流入列车头部地板下内侧，[31]使负压减小，可明显降低空气阻力。列车除走行部之外的车底部间隙应尽可能小，同时对其进行全封闭流线化，走行部侧面加装侧面裙板，车顶设计成圆弧状，在受电弓部位加装导流罩，导流罩采用流线化设计为最佳。

第四节　列车操纵节能减碳机制

列车操纵节能减碳就是通过列车节能操纵策略，提高列车运行速度、提升铁路运力，同时减少列车运行能源消耗，降低碳排放。在铁路运输领域，货物列车的牵引能耗一直是个备受关注的问题，较高的能耗不仅增加运输成本，还会加剧碳排放，对气候变化和环境产生负面影响。因此，研究优化列车的节能操纵策略、降低能源消耗、减少碳排放量、减少大气污染，对于实现铁路运输的可持续发展至关重要。

一、列车运行特性与能耗分析

1. 列车受力特征分析

列车在行驶中会受到牵引力、制动力及运行阻力等外部力的作用。在实际的列车操纵过程中，列车运行状态分为牵引、惰行和制动三种模式。牵引工况下，牵引力大于运行阻力，列车动能增加，速度增加；惰行工况下，仅运行阻力作用；制动工况下，运行阻力与制动力共同作用。

列车加速阶段，牵引系统向动轮提供牵引力，推动列车向前加速，同时受到包括空气阻力、轮轨阻力、曲线附加阻力等在内的多种阻力，降低列车速度。其中，空气阻力和轮轨阻力是主要的阻力来源，空气阻力随速度的平方增加，而轮轨阻力则取决于轮轨的接触面积和轮轨之间的摩擦系数等因素。

列车恒速阶段，列车受到牵引力（制动力）和阻力作用，机车的牵引力（或制动力）等于列车受到的总阻力，以维持恒定的速度，使其能恒速运行。

列车惰行阶段，没有牵引或制动，列车阻力来源有空气阻力、轮轨阻力和坡道附加阻力、曲线附加阻力等，主要由列车的惯性和外界阻力来决定列车的运行状态。

列车制动阶段，列车使用制动器来提供制动力，阻力来源包括空气阻力、轮轨阻力和坡度阻力等，使列车减速或停车。

2. 列车运行能耗影响因素分析

在铁路运输领域，列车运行能耗是衡量运营效率和环境影响的关键指标，它受到移动设备、运营环境和列车操纵等多方面因素的影响。

移动装备方面，包括机车动车的牵引特性、编组特性和制动力特性。牵引特性会对列车能耗和碳排放量产生直接影响。牵引特性决定了列车的运行速度，速度越高空气阻力越大，能耗也随之增加。[34] 在起步和爬坡时，机车动车提供最大牵引力来驱动列车前进，会增加能耗。牵引特性的优化可以提高牵引效率，即以较低的能量输入达到所需的动力输出，可以减少单位距离上的能耗。编组特性是指列车中车辆的组织结构和排列方式。列车编组的形状和空气动力学特性会影响空气阻力，列车编组的质量和结构对机车动车的牵引负荷产生影响，较大的列车编组通常需要更多的功率来克服阻力，从而增加能耗。

运营环境方面，包括线路坡度、曲线半径、停站间距等，列车轨迹优化可以显著降低列车实际能耗。[35] 列车在行驶过程中需要克服来自铁路线路坡度的重力势能，产生坡道附加阻力，其大小取决于列车重量、坡度、速度和行驶距离等因素。在曲线地段行驶时，列车会受到离心力的作用，使其有向外侧倾斜的趋势，为了保持列车速度和稳定性，列车需要产生侧向力以抵消离心力，列车克服离心力和产生侧向牵引力过程中会增加列车的曲线附加阻力。较小的曲线半径会增加列车在曲线地段行驶时的能耗，而较大的曲线半径则会减少能耗。停站间距会影响列车加速和制动的频繁程度，还会影响列车平均运行速度，从而影响列车能耗。

列车操纵方面，主要是驾驶员在列车运行过程中的驾驶行为特性，[34] 不同的操纵策略会对能耗产生影响。通过有效的速度调节和保持策略，可以减少能量的浪费，从而降低能耗；根据列车行驶的线路特点，适时地调整速度和牵引力，以确保列车安全稳定地通过曲线和上坡段；采用合适的制动方式和时机可以最大限度地利用制动能量，避免不必要的摩擦损耗，减少动能的浪费，从而降低能耗。Zhou 提出了一种基于轨道条件优化高速列车巡航速度的综合框架，以降低运动阻力所消耗的能量，[36] 就是优化列车操纵。

二、列车节能操纵

1. 节能操纵优化原则

①减少动能损失。通过控制列车的惰行进坡速度和减少停车制动能耗来减少列车的动能损失。控制列车的惰行进坡速度就是列车驶入需要制动的下坡道时，将速度控制在接近惰行滑行的速度，充分利用势能来减少动能损失；[37] 减少停车制动能耗就是确保在列车的牵引和制动过程中保持平衡，避免过度的制动，从而减少动能

的损失。

②减少基本阻力做功。基本阻力与列车运行速度有关,当列车的速度发生变化时,需要额外的能量来加速或减速。频繁的速度变化会导致更多的能量消耗以克服基本阻力。因此,应该将列车维持在一个相对稳定的速度,减少所需的能量。

③增加惰行时间。惰行状态下,列车完全依靠惯性运行,其能耗处于最低状态。特定线路区段的运行时间相对稳定时,可以采用增加惰行操作的比例来提高机车动车做功效率。可以通过确保列车在下坡路段的惰行和制动前的惰行,充分利用重力和惯性减少制动能耗。

2.节能低碳运行策略

列车的节能低碳运行除了要保证列车运行准点,还要确保安全,在此基础上考虑列车节能优化运行。列车操纵由最大牵引、恒速牵引、惰行、制动四种不同的工况组成,列车实现节能、低碳运行的关键在于惰行运行工况的合理使用。列车惰行运行降低了列车运行能耗,代价是列车运行时间的增加。在列车运行图中,计划运行时间与最小运行时间之间都存在允许冗余时间,利用一部分允许冗余时间,在列车运行的中间时段和中间过程合理、适当插入一些列车惰行运行区间,并以此惰行运行区间代替列车制动减速区间,能够在一定程度上降低列车运行能耗。

在理想条件下,列车起动时按照最大牵引力加速至规定的巡航速度,此时处于最低运行能耗和最佳节能状态。当列车加速度较大且加速度变化率较高时,速度切换随之加快,对列车产生愈加剧烈的纵向冲击力,导致列车运行安全性和平稳性下降。所以,列车以最大牵引力牵引起动对列车平稳运行和安全运行不利,[38]不符合列车安全平稳操作的原则,且在实际运行过程中线路状况等条件复杂多变。因此考虑在列车牵引起动初期首先施加相对较小的牵引力,保证列车车钩处于拉近状态,同时消除车钩间的缝隙,以此抑制和减小列车纵向冲击力;随后当列车处于起动状态后(即最后车辆起动完成)再缓慢增加牵引力,使列车保持平稳起动;最后全力加速至巡航速度。

坡道一般可分为平缓坡道、大上坡和大下坡。坡道运行时,独立大上坡和连续大上坡即使最大牵引力牵引列车也无法保持巡航速度,此时应该提前进入全力牵引工况,保持巡航速度完全通过坡道,再切换至巡航工况。需要注意的是,在实际操作中为避免列车产生剧烈冲击力而造成车钩断裂的现象发生,操纵应该以保持列车安全性和平稳性为主,即控制列车牵引力的变化率,避免牵引力发生急剧变化。

在大下坡时，列车采取惰行工况运行的情况下列车速度依然呈现上升的趋势，此时列车应该提前惰行，恢复巡航速度后再调整至巡航工况。如果提前惰行还是无法控制列车速度，此时基于列车运行速度限制和安全性方面的考虑，应该采取制动措施。起伏坡道应该采取巡航→全力牵引→惰行→巡航的操纵顺序；当起伏坡道类型为大下坡和大上坡接续时，应该采取巡航→惰行→全力牵引→巡航的操纵顺序；其中，惰行工况和全力牵引工况的切换应该根据坡道具体情况而定。[38]

列车运行过程中可能还会遇到运行前方低限速的情况，此时列车既有运行速度高于前方规定的限行速度，需要列车在进入限速区域之前提前降低列车运行速度，以保证列车在下一阶段或者下一区间处于线路规定的速度要求范围之内，故列车应执行巡航→惰行→全力制动的操纵工况。

列车制动停车过程中应采取巡航→惰行→全力制动的操纵工况，在此过程的理想状态下，列车采取最大制动加速度制动会产生最小的列车制动能耗，但是考虑到安全性和平稳性，通常采取次优的巡航→惰行→全力制动的操纵工况，并根据线路实际情况决定一次制动或多次制动。

对于重载货物列车，因其普遍存在载重大、列车编组长、运行惯性大等特点，控制列车的作用力需求相应增大，因此重载货物列车的操纵较之其他列车更为不易。列车编组长导致驾乘人员加速、制动等操作命令传递到列车车厢的时间增加，车辆间纵向冲击力变大。重载列车受线路坡度变化的影响也较大，尤其是列车在长大下坡区间运行时，列车纵向运动变化较大。不仅因操纵所带来的运行能耗差异十分明显，而且在复杂路况存在操纵不当易引起脱钩、断钩甚至列车脱轨的风险。由于驾驶操纵人员存在不可忽视的个体差异，其带来的运行能耗也差异较大。重载货物列车的驾驶操作影响因素较多，同时重载列车运行过程中的能耗主要包括运营管控能耗和车辆自身能耗，列车自身能耗又包括列车牵引能耗和辅助系统能耗，且其能耗变化较为复杂。运营能耗通常以调整列车运行曲线的方式进行优化，列车牵引能耗因其在列车总能耗中占比较大而需要重点考虑，主要与列车的工况转换以及克服线路运行阻力做功关系较为紧密，可以根据重载列车运行状况和运行目标等，通过调整列车运行工况结合运行曲线来优化操纵以降低能耗。[39]

列车在运行中波动程度较小，即列车处于较平稳运行状态时，相对列车运行波动程度大、列车不平稳运行时更为节能。因此在重载列车运行操纵中，应结合实际路况和列车状态，通过操纵列车加/减速等降低列车运行速度的变化频率，尽可能提升列车运行平稳性，保证其节能、低碳运行。在实际操作中，主要包括合理控制列车在线路区间上的运行工况、控制列车保持较为平稳地运行、优化调节控制牵引/制动等特性，并采取局部控制和整体控制相结合、单一因素调节和多因素共同作用等方式。针对列车辅助驾驶操纵，总体上应提高列车智能化驾驶，提高信息化程度，将列车控制系统和安全防护系统连接，通过指导列车司机操纵，优化调整列车运行方案，控制列车保持平稳运行，以达到节能运行、减碳运行、减排运行的目的。

3. 智能技术运行优化

列车操纵节能减碳的另一关键环节是通过智能技术优化列车运行，减少能源消耗和碳排放。

① 智能驾驶。利用先进的传感器、雷达、摄像头、人工智能算法等技术手段，使列车能够自主完成起动、加速、减速、制动、巡航、调度、停靠等一系列运行操作。这些技术不仅提高列车的运行效率和安全性，还减轻了司机的工作负担，提升了乘客的出行体验。

② 利用智能算法调整列车速度，优化加速和减速过程，避免不必要的加速和刹车，减少能量损耗。

③ 车载智能系统。引入智能驾驶辅助系统，如自动驾驶、车距保持、智能巡航等，提高运行安全性和效率。

第五节 列车优化运行节能减碳机制

列车运行优化主要是指运行组织优化和运行图优化。列车运行组织优化主要通过优化列车发车时间和间隔、合理安排列车停靠站点和停靠时间及使用动态调度系统等；运行图优化主要是指智能调度系统和大数据分析技术等的应用。通过运行组织优化和运行图优化，减少列车的待机时间和不必要的停站，减少列车间的相互干扰，从而达到提高运行效率、节能减碳的目的。

一、运行组织优化

列车运行组织优化就是通过合理的列车运行设计和调度，减少列车的待机时间和不必要的停站，从而达到节约能源的目的，优化列车运行组织是实现节能的重要途径。列车运行组织优化主要包括优化列车发车时间和间隔、合理安排列车停靠站点和停靠时间、使用动态调度系统等。

1. 优化列车发车时间和间隔

通过分析客源和货源等的实际需求情况，根据实际需求优化列车发车时间，以满足货物运输或出行旅客的需求。根据货流流量和乘客流量，结合沿线车站实际的承受能力和处理能力合理调整列车发车间隔，在高需求量的线路和时段增加班次，在低流量的线路上适当延长间隔，以提高运用效率。通过优化列车的发车时间和间隔，尤其是优化中间站之间的到达和出发时间等，可以最小化列车能耗，[40]减少列车在运行中的相互干扰，提高整体运行效率。

2. 合理安排列车停靠站点和停靠时间

根据旅客流量和货物流量、流向等，结合沿线站点的换乘或装卸需求，合理设置列车停靠站点。对于长途客运或长途货运，可以考虑仅停靠沿线主要城市和节点；对于短途客运或货运列车，可以侧重多停靠小城市和小站点，尽量避免小城市小站点大量占用长途旅行客、货车。停靠时间方面，应该在确保旅客上下车和货物装卸、检查等基本作业的基础上尽量缩短列车停靠时间，可以通过分析历史数据和乘客流量来确定合理的停靠时间。

3. 动态调度

动态调度通过实时监测数据判断列车运行状态和线路状态，根据实际运营情况实时对列车的运行时间和顺序加以调整，以确保在出现延误等突发类事件时可及时、有效调整和应对。利用动态调度系统的灵活性和及时响应性提高列车运行效率、优化列车运行组织，以实现最佳的能效。

二、运行图优化

运行图优化是实现铁路运输节能的重要手段，通过优化列车运行图可以减少列车间的相互干扰，提高运行效率。

1. 智能调度系统

合理的列车调度是优化系统能效的有效途径之一。[41]智能调度系统可以实时监控列车运行状态，并根据实际情况进行动态调整，从而确保列车以最佳能效运行。

利用人工智能和机器学习算法分析历史运行数据和实时数据，从而优化列车调度和运行计划。通过预测客流量、调整列车的运行间隔和时间表，Zhang等提出了一种基于时间和能量帕累托解的两级节能时间表优化方法，以在保持现有基础设施不变的同时降低能耗。[42]

2. 大数据分析技术

大数据分析首先需要收集并分析处理大量的数据，包括但不限于乘客流量、列车运行时间、延误记录等，通过大数据技术能够发现运行中的问题和瓶颈，发现节能潜力，找出节能的最佳运行方案，并提出针对性的改进措施。可利用大数据分析进行需求预测，并据此调整列车班次和发车时间，优化列车运行计划。

第六节　大型养路机械节能减碳机制

为保证列车的正常运行，线路必须经常保持规定的技术完好状态，此时就需要计划性、系统性和经常性地对线路进行检查和维修。[43]随着线路维护工作量的增加、验收标准的提高，对大型养路机械提出了更高的要求。传统大型养路设备包括捣固车、道砟清筛机、动力稳定车、配砟整形车、移动式焊轨车、接触网作业车等，普遍存在数量大、用时长、能耗高等特点。为此，对大型养路机械展开节能减碳研究，通过采取节能减碳策略或能源方式改变，提高能源使用效率或者使用更清洁的能源，以期达到减小能耗、降低碳排放的目的。

《推动铁路行业低碳发展实施方案》提出"推进绿色运维"，主要实现途径包括以下几个方面：一是推动铁路运维体制绿色低碳转型，支持机车车辆修程修制进一步规范化、科学化。二是逐步淘汰老旧、高能耗的检修工装设备，更新使用低耗能检修维护设备机具。三是持续优化检修工艺，提升运营检修的数字化、智能化水平。四是推广智能巡、检、修技术和无人机、机器人等智能装备应用。推进工务轨道车、供电作业车、综合检测车、救援列车等运维车辆进行新能源动力更新改造。五是采购环保型、低碳型设备和材料，推动绿色供应链建设。六是改进废弃物处理方式，开展废弃物分类回收和资源化利用，减少对环境污染。七是加大既有锅炉脱硫除尘设施升级改造力度。八是强化检修段所挥发性有机化合物废气净化治理。九是强化铁路绿化工程维养。十是推动铁路货场等重点场所非道路移动机械绿色低碳试点应用。

一、节能减碳策略

大型养路机械节能减碳策略主要考虑绿色制造、优化产品设计和优化操作、加强维护与保养、废旧设备循环利用及部分筛余的回收利用等。

1. 绿色制造

绿色制造包括两部分，分别是生产过程和制造工艺。生产过程绿色化是指在大型养路机械的生产过程和环节，通过使用环保材料、优化生产工艺和使用绿色能源等绿色制造技术和方法，达到机械制造绿色化，减少对环境的影响和降低碳排放。制造工艺绿色化是指引入轻量化制造、抗疲劳制造等先进的产品制造工艺和技术，以减少材料消耗并提高生产效率。

2. 优化产品设计和优化操作

优化产品设计和优化操作包括优化大型养路机械的结构设计与操作模式。改进大型养路机械的结构设计，包括使用更高效的发动机和传动系统，以及优化车辆的整体设计，提高燃油的使用效率，通过减少行驶和作业过程中的能量损失减少能源消耗和碳排放。优化操作模式是指优化大型养路机械的操作模式和作业程序，重点是利用物联网、大数据和人工智能等技术，实现大型养路机械的智能化管理，包括实时监控车辆的运行状态，优化能源使用，以及通过智能调度减少空驶和等待时间，通过智能控制系统优化捣固车的运行方式，从而提高能源利用效率，避免不必要的空转和低效操作。

3. 加强维护与保养

加强维护与保养是指定期对大型养路机械进行维护和保养，确保其处于最佳工作状态，减少因部件磨损等出现的额外能源损耗和部件损坏出现的故障或性能下降，从而导致能源浪费和碳排放增加。

4. 废旧设备循环利用

废旧设备循环利用是指加强废旧大型养路机械设备的回收和再利用，通过提高大型养路机械设备的再制造和再利用效率，减少原材料的消耗，同时减少废弃物和废弃物处理过程中造成的额外能源消耗，减少对环境的影响，降低处理能耗。

5. 部分筛余回收利用

对于道床清筛机筛分出来的余料进行进一步的筛选，筛分出可回收材料进行再利用，减少新原材料的需求量和使用量，减少能源浪费，间接降低碳排放。

二、能源方式改变

大型养路机械能源方式改变包括使用电动大型养路机械和使用混合动力系统两种主要方式，通过采用更清洁的能源达到节能减排的目的。

1. 大型养路机械电力化

开发和使用电动大型养路机械车，可完全替代传统的燃油动力大型养路机械。电动大型养路机械在电力驱动下运行，减少燃料消耗，减少碳排放和空气污染。电动大型养路机械的动力源可以分为两种，一种是通过受电弓接收电力，另一种是应用高性能蓄电池。随着动力电池技术的迅速发展，铁路行业电池运用安全性及可靠性已在调车机车、轨道车等得到充分验证。因此，可以通过技术升级和技术改造，将更先进、更高效的电池技术应用于大型养路机械，以提高其能源利用效率和作业性能，降低碳排放量。

2. 使用混合动力系统

使用混合动力系统是指电力和内燃双动力源，可以同时使用内燃机和电动机作为动力源。混合动力系统有两个要点：一是要进行综合能源管理，对多种能源进行统一管理和优化调度，通过实时监测和分析大型养路机械的能源使用情况，可以制订更加科学合理的能源使用计划，提高能源利用效率，降低能源消耗和成本；二是智能化控制技术，通过智能控制技术和智能作业技术的研究与应用，可以实现大型养路机械的自动作业、自动监测和自动保护等功能，提高作业效率和安全性，同时降低能源消耗和碳排放。

参考文献

[1] 张济民, 苏辉, 任乔, 等. 轨道交通永磁同步牵引系统发展概况与关键技术综述[J]. 交通运输工程学报, 2021, 21(6): 63-77.
[2] 张晓虎, 张熊, 张克良, 等. 储能技术在轨道交通再生制动能量回收的应用[J]. 电气工程学

报, 2023, 18(2): 210-220.

[3] 伍赛特. 铁路运输牵引动力技术发展现状及未来趋势展望[J]. 机电产品开发与创新, 2024, 37(2): 222-226.

[4] 李勇, 吴威龙, 李钰怀, 等. 基于射流点火和气道喷水技术的缸内直喷汽油机稀薄燃烧特性研究[J]. 内燃机工程, 2024, 45(2): 8-17.

[5] 李英志, 孔娜, 贾晶, 等. 碳纤维复合材料在轨道车辆装备轻量化中的应用[J]. 合成纤维, 2024, 53(7): 51-56.

[6] 王柏霖. 铝合金焊接工艺在动车组的应用综述[J]. 铝加工, 2023(4): 9-13.

[7] 张在中, 周丹. 不同头部外形高速列车气动性能风洞试验研究[J]. 中南大学学报(自然科学版), 2013, 44(6): 2603-2608.

[8] 尹崇宏, 刘迪, 司志强, 等. 基于CFD方法的高速列车风阻制动装置布置方案研究[J]. 铁道车辆, 2020, 58(9): 4-8+53.

[9] 熊骏, 李田, 张继业. 不同运行环境下高速列车外形气动优化[J]. 中国科学: 技术科学, 2016, 46(3): 313-322.

[10] 王乐卿, 高广军, 吴雨薇, 等. 高速列车车身风阻制动板气动外形设计[J]. 中南大学学报(自然科学版), 2022, 53(5): 1655-1667.

[11] 闫永蚕, 汤洲, 高楠, 等. 基于空气动力学的高速列车造型设计研究进展[J]. 机械设计, 2017, 34(6): 105-112.

[12] 南玉才. 地铁电客车客室车门选型分析[J]. 机电信息, 2019(21): 110-111.

[13] 朱陇辉, 武振锋, 周琪, 等. 高速列车受电弓舱气动外形多目标优化设计[J]. 铁道标准设计, 2024, 68(3): 214-221.

[14] 柳宁, 李岩松, 龙金兰, 等. 高速列车流线型转向架与底部导流板的气动减阻效果研究[J]. 铁道科学与工程学报, 2024, 21(1): 38-47.

[15] 刘晶. 高速铁路动车组再生制动能量回收系统优化设计[J]. 产业科技创新, 2024, 6(2): 121-124.

[16] 高熙贺. 考虑舒适性的自动驾驶轨道列车牵引电机节能控制[J]. 机械与电子, 2023, 41(10): 29-34+38.

[17] 徐意. 城市轨道交通折返时间与折返间隔相互关系分析[J]. 铁道运输与经济, 2019, 41(2): 123-126.

[18] 陈星, 范礼乾, 阴佳腾, 等. 城市轨道交通智能调度技术及应用研究[J]. 智慧轨道交通, 2024, 61(4): 48-51+57.

[19] 杨国柱, 曲茹漫, 马建华, 等. 铁路旅客列车晚点原因分析及优化对策[J]. 铁道运输与经济, 2023, 45(6): 42-46.

[20] 王晓鹏, 王忠福, 韩红彬, 等. 内燃机车"油改电"技术研究及应用[J]. 铁道机车与动车, 2024(4): 24-28+62.

[21] 近藤圭一郎, 彭惠民. 非电气化区间铁道车辆的电驱动技术(1)[J]. 国外铁道机车与动车, 2024(1): 1-5.

[22] DEKKER B, TON B, MEIJER J, et al. Point cloud analysis of railway infrastructure: A systematic literature review[J]. IEEE Access, 2023, 11: 134355-134373.

[23] 吴庆兵. 城市轨道交通牵引变电所在线监测方案研究[J]. 机电信息, 2024(8): 16-20.

[24] 赵耀, 冯敬然, 周敏. 物联网技术在智能铁路客站的应用[J]. 铁路通信信号工程技术, 2022, 19(3): 44-49.

[25] DOUGLAS H, ROBERTS C, HILLMANSEN S. Method to evaluate solutions for complex systems: Rail energy[J]. Proceedings of the Institution of Civil Engineers-Transport, 2016, 169(5): 283-297.

[26] ZUO J, DONG L, YANG F, et al. Energy harvesting solutions for railway transportation: A comprehensive review[J]. Renewable Energy, 2023, 202: 56-87.

[27] 袁菲菲, 王雪, 程启静, 等. 梭形Fe-MOFs的制备及电催化氧化葡萄糖的性质研究[J]. 长春师范大学学报, 2024, 43(2): 99-106.

[28] 卢春房. 铁路低碳发展导论[M]. 北京: 中国科学技术出版社, 2023.

[29] 张磊, 许帅康, 陈洁, 等. 列车车体轻量化设计研究进展[J]. 机械工程学报, 2023, 59(24): 177-196.

[30] 饶庶, 刘霞. 铁路货车轻量化应用研究与分析[J]. 中国铁路, 2015(1): 37-41.

[31] 陈喜红. 高速列车外形及发展趋势[J]. 电力机车技术, 1997(3): 1-4.

[32] 武振锋. 高速列车仿生头型优化设计与明线气动特性研究[D]. 兰州: 兰州交通大学, 2022.

[33] 闫颖, 方卫宁. 高速列车头部外形设计的探析[C]//中国机械工程学会工业设计分会. 北京: 出版者不详, 2006.

[34] 李科信. 高速列车空气阻力与气动噪声数值模拟研究[J]. 科学技术创新, 2021(32): 89-91.

[35] ZHAO N, CHEN L, TIAN Z, et al. Field test of train trajectory optimization on a metro line[J]. IET Intelligent Transport Systems, 2017, 11(5): 273-281.

[36] ZHOU F R, ZHOU K, ZHANG D, et al. Optimization of the cruising speed for high-speed trains to reduce energy consumed by motion resistances[J]. Applied Energy, 2024, 374: 124039.

[37] 郭禹. 货运列车节能操纵控制优化方案研究[D]. 兰州: 兰州交通大学, 2015.

[38] 葛学超, 王青元, 孙鹏飞, 等. 货运列车节能平稳运行优化操纵研究[J]. 铁道机车车辆, 2017, 37(4): 47-52.

[39] 李紫宜, 周艳丽, 杨辉, 等. 面向节能的重载列车辅助驾驶模型预测控制研究[J]. 铁道科学与工程学报, 2024, 21(8).

[40] ZHANG H, JIA L, WANG L, et al. Energy consumption optimization of train operation for railway systems: Algorithm development and real-world case study[J]. Journal of Cleaner Production, 2019, 214: 1024-1037.

[41] HASANZADEH S, ZAREI S F, NAJAFI E. A train scheduling for energy optimization: Tehran metro system as a case study[J]. IEEE Transactions on Intelligent Transportation Systems, 2022, 24(1): 357-366.

[42] ZHANG H, JIA L, WANG L, et al. Energy-efficient timetable optimization empowered by time-energy Pareto solution under actual line conditions[J]. IEEE Transactions on Intelligent Transportation Systems, 2024, 25(7): 7106-7124.

[43] 刘云山. 浅析各种大型养路机械的作用[J]. 农业装备技术, 2020, 46(2): 57-58.

第五章　铁路"绿色能源替代"减碳机制

铁路绿色能源替代包括铁路车站绿电直供、铁路沿线绿电应用、牵引能源绿电化、维护装备和风险监测绿电化。铁路车站绿电直供就是通过绿色电力直供或清洁能源自发电，实现车站用能绿色化；铁路沿线绿电应用就是通过在铁路沿线进行光伏发电等，将电气化铁路系统的火电来源转变为可再生能源，减少碳排放；维护装备和风险监测绿电化就是通过装备和风险监测绿电化、电气化等，达到降低碳排放量的目的。

第一节　基于直供电的绿电应用策略

直供电的绿电应用是指通过直接使用清洁能源发电（如太阳能、风能等）来替代传统的高耗能、高污染的能源，实现电力供应的绿色化。这种供应方式对于减少化石燃料的依赖、降低温室气体排放以及提高电力供应的可靠性和稳定性具有重要意义。

一、绿电直供的优势及国家规划

基于直供电的绿电应用就是通过分布式新能源项目直接向工业园区、农业产业园等提供绿色电力，实现能源生产与消费的直接对接。此模式不仅有助于降低企业碳排放、满足绿色发展需求，更能在碳排放核算中直接体现新能源的环境价值，是国际规则下减少争议、提升竞争力的有效手段。在传统电网架构下，由于电力的同质性特征，电力来源（无论是传统燃煤还是可再生能源）在传输过程中往往难以从电网侧和用户侧明确区分。而"绿电直供"模式则打破了这一局限，通过直接供应新能源电力的方式，使碳排放核算变得简单明了，直接体现了新能源对环境的正面贡献，符合多数国际规则的要求，减少了因电力来源模糊而可能产生的争议。

2022年5月，国务院办公厅转发了国家发展改革委、国家能源局《关于促进新时代新能源高质量发展的实施方案》。方案提出："在具备条件的工业企业、工业园区，加快发展分布式光伏、分散式风电等新能源项目，支持工业绿色微电网和源网荷储一体化项目建设，推进多能互补高效利用，开展新能源电力直供电试点，提高终端用能的新能源电力比重。"[1]

2022年6月，国家发展改革委、国家能源局等9部门联合印发的《"十四五"可再生能源发展规划》提出："在工业园区、大型生产企业和大数据中心等周边地区，因地制宜开展新能源电力专线供电，建设新能源自备电站，推动绿色电力直接供应和对燃煤自备电厂替代。"[2]

二、铁路车站绿电直供

铁路车站绿电直供就是通过分布式新能源项目直接向铁路车站提供绿色电力，实现新能源电力生产与铁路车站消费的直接对接。铁路车站通过绿电直供可以减少对化石燃料的依赖、降低温室气体排放，同时也可以提高电力供应的可靠性和稳定性。在铁路车站的应用场景中，绿电直供有助于实现节能减排目标，并提升车站的环保形象。

国家和地方政府已逐步出台政策支持绿色电力的使用，鼓励铁路系统的绿色转型。例如，《关于大力实施可再生能源替代行动的指导意见》明确提出要加快可再生能源的应用，并推动绿色电力在公共设施中的使用。这些政策文件涵盖了绿电交易市场的准入、交易规则、监管等方面，为绿电直供提供了明确的政策指导和支持。铁路系统作为公共基础设施的重要组成部分，正在响应这些政策，通过绿色电力直供方案来实现低碳目标。

铁路部门通过市场化手段购买绿色电力，如通过电力交易市场和电力供应商直接采购风电、光伏电力或其他形式的可再生电力。近年来，铁路部门在绿色电力采购方面取得了一定进展，通过与电力供应商签订绿色电力采购协议，逐步提高车站和其他铁路设施的绿色电力使用比例。虽然具体的铁路车站绿电直供案例可能因地区而异，但一些工业园区和产业园区已经成功实施了绿电直供项目，这些案例为铁路车站等用户提供了可借鉴的经验和模式。

随着新能源技术的不断发展，太阳能、风能等分布式能源项目的成本逐渐降低，技术日益成熟。这为铁路车站等用户采用绿电直供提供了技术可行性。在一些城市和区域已经开始实施绿色电力直供项目。例如，北京、上海等大城市的一些铁路车站已尝试通过与绿色电力供应商合作，直接将风电或光伏电力供应到车站，实现电力供应的绿色化。这些项目通常包括对车站电力系统的改造，以适应绿色电力的接入和使用。

北京西站：作为中国重要的铁路枢纽之一，北京西站已在绿色电力应用方面取得了显著进展。通过与光伏发电公司合作，北京西站实现了部分电力需求的绿色供应。

上海虹桥站：上海虹桥站也在积极推动绿色电力使用，通过风电和光伏电力的采购与应用，减少了车站的碳足迹。

为了支持绿色电力的直供，铁路部门和电力公司需要进行一定的技术和基础设施建设。这包括绿色电力的接入系统、储能设施的建设以及电力调度系统的优化，以接收和分配直供绿电，并保障电力的稳定供应。技术的进步和基础设施的完善是推动绿色电力直供的关键因素。

尽管绿色电力直供在推进中取得了一些成绩，但仍面临着诸多挑战。一方面，绿色电力，如风电和光伏电的间歇性特征可能影响电力供应的稳定性，绿电直供系统需要与电网电力调度协调，以确保及时调整波动或故障时能够得到及时地调整和保障。另一方面，将绿色电力从发电地点有效传输到车站需要完善的电力传输和配电基础设施。

未来，随着绿色电力技术的发展和政策的支持，铁路车站的绿色电力直供将进一步推广。预计更多的铁路车站将采用绿色电力，实现低碳运营。此外，智能电网和储能技术的发展将有助于解决绿色电力供应中的间歇性问题，提高电力系统的灵活性、稳定性和可靠性，进一步优化直供电系统的运行效率。采用先进的能源管理系统来优化直供绿电的电力使用，可以提高能源利用效率，降低运营成本。

有研究提出了一种微电网的概念，尝试管理联网微电网之间交换的能量，以减少从公用电网接收到的能量。[3] 铁路车站绿色电力直供是实现铁路系统绿色转型的重要步骤，尽管目前仍面临一些挑战，但随着政策、技术和基础设施的不断完善，绿色电力在铁路车站的应用前景将越来越广阔。

三、铁路车站光伏发电应用

《"十四五"现代综合交通运输体系发展规划》指出：鼓励在铁路沿线布局光伏发电及储能设施，充分利用铁路自身太阳能资源，构建清洁、绿色和高弹性的铁路交通能源系统，实现铁路交通与清洁能源融合发展。[4] 光伏发电应用于铁路行业主要是指光伏发电用于铁路车站供电。铁路车站光伏发电应用涉及在车站屋顶、站台雨棚、停车场、墙面等区域安装光伏发电系统，以利用太阳能进行电力生产，向铁路车站内部照明、空调、电梯及其他用电设备供电。

1. 应用方式

铁路系统庞大的基础设施为光伏发电提供了广阔发展空间，车站本身巨大的空间面积为充分利用光伏发电提供了极大可能。

光伏发电与车站的结合通常有两种方式：一种是光伏发电设备与车站的结合，即在既有车站基础上建设光伏发电设备；另一种是光伏发电设备与车站的集成，即在车站设计阶段就将光伏发电设备等设计到车站中，使光伏发电成为车站建筑的一部分，成为一个整体。在铁路车站中，可以将站房房顶作为安装光伏发电系统的首选位置，除此之外，顶棚也可以作为重点考虑位置。[5]顶棚上安装光伏发电系统不仅可提供电力，还能提供遮阳。车站的外墙和挡风墙等位置也可安装光伏系统，尤其是在城市和机场车站中较为常见。

2. 应用现状

铁路车站光伏发电已实施的项目主要包括北京南站、上海虹桥站、广州南站和雄安站。北京南站采取屋顶安装光伏发电系统的形式，用于为车站提供部分电力需求；上海虹桥站通过在车站顶棚和停车场区域安装光伏电池板，实现了绿色电力的自给自足；广州南站安装了光伏发电系统，不仅为车站提供电力，还通过电力售卖获取额外收入；雄安站4.2万平方米的光伏组件与整体建筑融为一体，年发电量580万千瓦时，[6]二氧化碳减排超过4500吨。

3. 应用优势

① 环保节能：光伏发电系统利用太阳能发电，减少了对传统化石能源的依赖，从而降低碳排放。光伏发电属于零排放的清洁能源，有助于提升车站的环保形象。

② 降低运营成本：光伏发电系统可以降低车站的电力采购成本，尤其是通过自发自用的方式使用光伏电力。光伏系统的维护费用较低，相较于传统电力系统具有较高的经济效益。

③ 额外收入：多余的电力可以出售给电网，获得额外的收入。部分车站通过光伏发电系统获得了可观的经济收益。

4. 应用挑战

① 初期投资：光伏发电系统的初期投资较高，包括光伏组件、逆变器和支架系统的费用。尽管长期来看具有经济效益，但初期投资仍需资金支持。

② 维护管理：光伏系统需要定期检查和清洁，以确保其高效运行。这可能需要专业的维护团队和设备。

③ 太阳能资源：光伏发电的效率依赖于日照条件。不同地域的日照强度差异可能影响光伏系统的发电量。

5. 未来发展趋势

铁路车站光伏发电未来发展趋势主要集中在技术进步和智能化管理层面。技术进步主要体现在新型高效光伏组件的出现将提高光伏发电系统的发电效率，储能技术的进步使得光伏发电系统能够更好地应对间歇性发电问题，提升系统的稳定性。智能化管理主要体现在智能监控系统可以实时跟踪光伏系统的运行状态，优化发电效率，降低维护成本。集成光伏发电系统的能源管理系统可以提高能源使用效率，优化电力调度。

综上所述，铁路车站光伏发电应用面正在逐步扩大，其具有环保节能、降低运营成本和额外收入等优势。虽然面临初期投资和维护管理等挑战，但随着技术进步、政策支持和智能化管理的发展，光伏发电系统在铁路车站的应用前景广阔，能够为车站提供稳定的绿色电力，推动铁路运输的可持续发展。

四、铁路车站风电直供

风能发电是指将气流运动时所具有的动能转化为电能，即依靠风力供电系统进行风力发电。铁路车站风电直供就是通过在车站及其附属设施中安装风力发电机组，以利用风能进行电力生产。风电作为一种可再生能源，具有环保和节能的优势。充分利用车站条件，可以改善车站用电设备等既有设备的综合利用水平，减少车站用能设备用能总量和碳排放，提高经济和社会效益。

1. 应用方式

铁路车站风电系统就是通过风力发电机将风能转化为电力的一种可再生能源发电方式。风电系统包括风力发电机组、变频器、控制系统等。风电发电在铁路车站的主要应用区域包括车站屋顶、周边区域和车站附属设施等。车站的屋顶、停车场顶棚等开阔区域通常选择风速较好的位置安装风力发电机；货运站、停车场等附属设施适合安装小型风力发电机组。

2. 应用现状

铁路车站风电发电已实施的项目包括北京南站、上海虹桥站和郑州东站。北京南站及其周边区域进行了风电项目试点，安装了小型风力发电机组用于补充车站的电力需求；上海虹桥站在其停车场和周边区域安装了风力发电设备，部分电力供应车站的运营；郑州东站也探索了风电的应用，通过安装风力发电系统来增强车站的绿色电力供应。

风电系统的容量从小型风机（几千瓦）到大型风电机组（几百千瓦）不等，大规模车站通常采用大功率风机以满足电力需求。风电系统的年发电量受风速、风机数量和风机效率影响，一般可以为车站提供从几万到几十万千瓦时的电力。

3. 应用优势

① 环保节能：风电发电是零排放的清洁能源，能够减少车站对化石燃料的依赖，从而降低碳排放。风电利用风能，具有可再生性，符合绿色环保要求。

② 降低运营成本：风电系统可以降低车站的电力采购成本，尤其是在风力资源丰富的区域。虽然初期投资较高，但长期运营中风电的成本优势明显。

③ 提升车站形象：风电系统的应用提升了车站的环保形象，有助于宣传绿色交通和可持续发展的理念。

4. 应用挑战

① 初期投资：风电系统的初期建设成本较高，包括风机采购、安装和维护费用，需要充分评估投资回报率。风电机组的维护和保养需要专业团队，增加了运营成本。

② 技术挑战：风电发电依赖于风速，风速的不稳定性可能导致发电量波动，影响电力供应的稳定性。适合安装风电机组的区域可能受限于风速、空间和风机噪声等因素。

③ 环境和噪声影响：大型风电机组可能会产生噪声，对车站及周边环境造成影响，需要采取噪声控制措施。风电机组的建设可能对车站的外观和周围环境造成影响，需要进行环境影响评估。

5.未来发展趋势

铁路车站风能发电未来发展趋势主要集中在技术进步和智能化管理层面。技术进步主要体现在新型高效风机的开发将提高风电系统的发电效率，适应不同风速条件和适用于城市和车站的高效小型风机将越来越普遍，提高风电的适用性。智能化管理主要体现在智能监控系统将帮助实时跟踪风电系统的运行状态，优化发电效率。将风电系统与车站的能源管理系统集成，可提高能源使用效率和稳定性。

综上所述，铁路车站风电应用正在逐步推进，具有环保节能、降低运营成本和提升车站形象等优势。虽然面临风力资源条件、初期投资和环境影响等挑战，但随着技术进步、政策支持和智能化管理的发展，风电在铁路车站的应用前景广阔，有助于推动铁路系统的绿色转型和可持续发展。

第二节 铁路沿线分布式光伏直供策略

铁路沿线分布式光伏就是利用铁路沿线巨大的空间资源和不竭的光照资源，通过在用地界内设立分布式光伏发电系统，为铁路监测、维护等设施设备提供电力来源，以减少市政电力的接入和使用，减少能源消耗、降低碳排放，达到铁路沿线监测、维护设施设备用电绿色化的目的。

一、分布式光伏布置形式

铁路沿线监测、维护设施设备用电目前主要依靠电网传输，铁路长距离、大跨度的特点导致在电力传输过程中存在损耗巨大和利用率低等问题。而铁路沿线存在较广的空间范围和丰富的光伏能源，可以利用该自然条件的天然优势发展铁路沿线光伏发电用以监测、维护设施设备供电，改善和优化铁路沿线用能设备用能结构，节能减排的同时还能解决目前存在的发电设施空闲未用、"弃风弃光"等问题，提升光伏发电系统的经济性。

铁路沿线的分布式光伏存在形式与布置形式主要取决于地形、气候条件、铁路运营需求及经济因素。

1.存在形式

铁路沿线分布式光伏存在形式包括独立光伏电站、集成光伏系统、维护和检修点、环保和景观设计等。

（1）独立光伏电站

设置独立的光伏发电电站，专门用于为铁路沿线的设备提供电力。这些电站通常配置光伏板、逆变器和储能装置，确保在无阳光条件下也能稳定供电。设置位置主要在铁路旁的空地或未开发区域，要避免对铁路安全、稳定运营造成不利影响。

（2）集成光伏系统

将光伏系统集成到现有的铁路设施中，如桥梁上、隧道洞门外等。这种形式使光伏系统与现有结构相结合，充分利用已有资源。设置位置主要在铁路桥梁、隧道入口等位置，利用这些设施的上方或侧面进行光伏系统安装。

（3）维护和检修点

在铁路沿线的维护和检修点安装光伏系统，为这些设施提供所需的电力。这些点位通常设置在铁路沿线的服务区或检修车间。设置位置可以位于铁路沿线的维护工厂、检修站等位置，利用局部空间进行发电。

（4）环保和景观设计

在铁路沿线进行光伏发电时，通常还会考虑环保和景观设计，以减少对周围环境的影响，包括使用低高度的光伏组件、设计美观的光伏支架等。设置位置主要在不影响铁路运行和周围环境的区域，如绿化带、空地等。

2. 布置形式

（1）铁路沿线光伏电站

沿铁路线路设置光伏电站，可通过布置光伏板来利用空旷区域的太阳能。这些电站可以是大型的光伏发电项目，也可以是中小型的分布式系统。通常建设在铁路旁的空旷地带或未开发的区域，以减少对铁路运营的干扰。例如，铁路沿线的绿化带或闲置土地上可以安装光伏板。

（2）铁路桥梁光伏发电

在铁路桥梁上或桥梁结构的遮蔽部分安装光伏组件，桥梁的结构形式如上部结构、桥墩等都是安装光伏板的潜在位置。光伏板可以安装在桥梁的护栏上或桥梁下部结构上，利用桥梁的空间来进行发电。

（3）铁路围墙及边坡光伏发电

在铁路沿线的围墙、挡土墙或边坡上安装光伏组件，这种布置方式适用于铁路两侧的空闲地带或空间有限的区域。光伏板可以与铁路围墙结构集成，或安装在铁路边坡上，利用这些区域的空间进行发电。

（4）铁路隧道入口和出口光伏发电

在铁路隧道的入口和出口处安装光伏系统，利用这些位置的光照条件进行发电。光伏组件可以安装在隧道入口的屋顶或墙面上，或者设置独立的光伏电站为隧道内、外的低压用电设备提供电力。

3.优缺点

① 优点：有效利用铁路沿线的空闲区域、桥梁结构和车站屋顶等空间，提高土地使用效率；光伏发电是清洁能源，减少对传统电力的依赖，降低碳排放；[7] 提供本地发电，打造自供电模式，降低了电力采购成本。

② 缺点：光伏系统的初期投资较高，包括光伏组件、逆变器和安装费用；光伏板的生产、废旧光伏板和光伏板电池的处理等难度较大且易造成环境污染；需要定期检查和维护光伏系统，以确保其高效运行；光伏发电受光照条件限制，光照不足时发电量会减少，影响电力稳定供应；边坡处光伏系统易对边坡状态的观察和确定等产生干扰和影响。

二、分布式光伏直供

铁路沿线分布式光伏具体应用就是将分布式光伏发电用于铁路沿线低压监测、维护等设备的电力供应，完成铁路沿线低压用电的自供电模式。铁路沿线低压用电设备主要包括铁路沿线环境安全监测设备、铁路桥梁运营监测设备、铁路隧道运营维护设备、铁路地质灾害监测设备、铁路路基沉降监测设备等。这些监测系统和维护设备通常需要稳定的电力供应，尤其是在偏远地区普遍存在电力传输过程损耗巨大和利用率低等问题，甚至存在难以接入电网的情况，影响铁路正常运营。分布式光伏供电作为一种可再生能源方案，可以有效解决这些区域的电力供应问题。

铁路沿线环境安全监测用电因其跨度较大，传统电网需要长距离运输，电力损耗较大；通常在特定地点安装小型光伏发电系统为临近负载提供电力。铁路桥梁运营监测用电通常在桥梁上部结构、桥墩等地点安装小型光伏发电系统，为桥梁运营监测负载提供电力。铁路隧道运营维护用电由于在隧道内部，空间封闭且远离传统电网，分布式光伏发电成为一种可行的电力解决方案，通常在隧道入口、出口等位置安装小型光伏发电系统为隧道内的运营维护设备负载提供电力。铁路地质灾害监测和铁路路基沉降监测等的用电考虑就近使用，避免长距离运送电力，通常在检测设备周围合适位置安装小型光伏发电系统以提供就近电力供应。此外，分布式光伏发电通常需要结合储能装置，以保证电力的持续、稳定供应和特殊情况下的应急供应。

铁路沿线分布式光伏应用于低压铁路监测、维护设备电力供应，其优势主要体现在实现独立供电、环保节能减碳、降低运行成本等方面。实现独立供电主要体现在分布式光伏系统可以在偏远或难以接入电网的铁路沿线区域提供稳定的电力供应，保证环境监测设备的正常运行，还可以根据实际需求进行规模调整，灵活适应不同的电力需求和地理条件。环保节能减碳是指光伏发电使用太阳能，属于零排放的清洁能源，有助于减少环境监测过程中的碳足迹，符合绿色环保理念，提高了铁路沿线环境安全监测的可持续性。降低运行成本侧重于通过自发自用的方式减少对外部电网的依赖，减少电力采购，降低了电力采购成本；并且光伏系统在建成之后的维护和管理费用相对较低，在长期运行中具有较为显著的经济效益。

在铁路沿线分布式光伏应用于低压铁路监测、维护设备电力供应的使用过程中，需要注意的是：第一，季节变化对光伏系统的发电量影响较大，特别是在冬季和雨季，光伏系统的发电效率可能降低，需要配备储能装置以保证稳定供电；第二，分布式光伏系统的初期建设和设备投资较高，包括光伏组件、逆变器和储能设备的费用，需要充足的资金支持和投资回报评估，以确保项目的经济可行性；第三，光伏系统需要定期检查和维护，包括清洁光伏组件、检查储能装置等，以保持系统的高效运行，对于偏远地区的光伏系统，远程监控和管理技术的应用是必不可少的，以确保系统的稳定性和及时维修。

铁路沿线分布式光伏应用于低压铁路监测、维护设备电力供应的发展趋势主要包括技术方面和管理方面两大类。技术方面就是使用新型高效光伏组件来提高系统的发电效率，适应不同光照条件，使用智能储能技术来优化储能系统的管理，提高电力供应的稳定性。管理方面就是采用智能化监控系统来实现实时跟踪光伏发电系统的运行状态，优化发电效率和电力使用，采用光伏供电系统与环境监测数据集成来提供全面的能源和环境管理方案。

分布式光伏供电在沿线环境安全监测、桥梁运营监测、铁路隧道运营维护、地质灾害监测、路基沉降监测中均具有独立供电、环保节能和降低运营成本等优势。铁路沿线的分布式光伏布置形式多样，包括独立光伏电站、桥梁光伏发电、车站屋顶光伏、围墙及边坡光伏发电等。每种布置形式都应根据实际需要和地理条件进行优化，以最大限度地利用光伏资源。尽管面临初期投资和维护管理等挑战，但随着技术进步、政策支持和智能化管理的发展，分布式光伏供电的应用前景广阔，有助于提升铁路沿线监测、维护作业的可持续性、稳定性和环保水平。

第三节 其他方面

除前述几节的绿色能源替代外，还包括牵引供电绿电化、企业绿电产用内循环、货物低碳装卸和新能源管控系统建设。牵引供电绿电化就是基于牵引供电的高要求和大需求，通过绿电入网应用于牵引供电、优化列车运行时间和设计列车低碳运行等，实现牵引供电绿电化。企业绿电产用内循环就是铁路运输企业自行发电并用于自己的铁路系统，使企业能够更灵活地管理和调度能源，进一步降低碳排放。货物低碳装卸就是基于绿电理念的优化设计，提高装卸效率、减少货损、降低碳排放。新能源管控系统建设就是通过系统架构与设计、新能源发电与集成等，推动能源结构的转型，实现绿色电力的高效利用。

一、牵引供电的绿色能源替代

1. 牵引供电的绿电应用形式

铁路牵引供电的绿电应用就是指将绿电用于牵引供电系统。在电气化铁路上，绝大部分能耗都集中在牵引，故牵引供电绿电化是铁路系统节能减碳的重点方向和领域。由于牵引供电用电要求较高，铁路沿线光伏电力无法直接用于牵引供电。基于此，采取绿电入网的方式为牵引系统提供电力供应，即提高牵引供电中绿电的比例，以此实现绿电广泛应用于铁路牵引供电系统。

2. 列车运行时间优化

列车运行时间优化就是通过调整列车运行计划，使之与电力需求峰期匹配和适应，提高绿电利用效率、列车运行效率和天窗作业效率。地方货运专线可以利用夜间低峰电力需求期进行运行作业，不仅有助于提高运行效率，还能有效利用较低的电力价格，降低运营成本。此时，白天的高峰电力期就留给维修天窗和施工天窗等，即在电力需求较低的时间段进行必要的维修和施工作业，充分利用白天的光照等自然条件，降低夜间维修保养对灯光需求等产生的电力消耗，同时确保系统的可靠性。

3. 列车低碳运行

列车低碳运行就是通过列车运行过程中的能量回收和列车节能运行等实现列车运行的节能减碳。能量回收是指在现代电力驱动的列车中通常配备能量回收系统，该系统在列车制动时将动能转化为电能供给回电网，进一步提高能源利用效率。[8-10]节能运行是指通过使用高效的设备和先进的控制系统、优化调度、轻量化设计、使用智能控制系统等手段，实现列车节能运行。使用高效的电力牵引设备和先进的电力控制系统可以降低能耗，并提升列车运行的整体效率；优化调度通过智能调度系统优化列车运行计划，减少空驶和非高效运行，降低能源消耗；轻量化设计有助于减少能源消耗，从而降低碳排放；应用智能控制和自动化技术来优化列车运行参数，比如加速、制动等操作，以提高整体能效。

二、加强企业发电与铁路用电的内循环

"自发自用，余电上网"仍旧是铁路运输企业应用绿色能源发电最合理的方式。[11]加强企业发电、铁路用电的内循环就是铁路运输企业自行发电并用于自己的铁路系统。企业通过自发电可以减少对外部电力供应的依赖，从而降低电力采购成本。特别是在电力价格波动较大的情况下，自发电可以提供稳定的电力成本。内部电力供应可以减少能源传输和转换过程中的损失，提高能源的整体利用效率。自发电能提高企业的能源自给能力，减少因外部电力供应中断或不稳定而带来的风险。同时，企业可以选择使用可再生能源（如太阳能、风能、生物质能等）进行自发电，从而提高能源使用的可持续性和环保性。内部电力供应使得企业能够更灵活地管理和调度能源资源，进一步提高运营效率。

企业可以通过投资建设发电设施（如太阳能光伏发电系统、风力发电机组、燃气发电机组等）来满足自身的电力需求。对于铁路运输企业，可以建立专门的电力供应系统，如在铁路专用线沿线建设发电设施，确保铁路运输的电力供应稳定可靠。同时，配备能源储存系统（如电池储能系统）来存储在电力需求低时产生的多余电力，供电力需求高峰时使用，优化能源使用效率。应用智能电网技术来实时监控和管理企业内部的电力供应和需求，通过智能调度和负荷管理进一步提高电力系统的效率。在企业的发电过程中，还应该考虑利用余热进行热电联产或其他形式的能源回收，进一步提高能源利用效率。发电完成后，通过建立企业内部电力交易机制，利用内部市场化手段优化电力分配和使用，提高能源资源的配置效率。还可与

当地能源企业、技术供应商合作，联合开发和建设符合企业自身需求的发电和用电系统。

三、货物低碳装卸

货物低碳装卸是指在货物的装卸过程中采取一系列措施，降低碳排放和环境影响。装卸货物必须严格地按操作规程和安全要求进行，保证货物完好无损，力求最大限度地提高效率，降低费用。我国铁路装卸劳动力严重不足，目前使用的简单装卸机械普遍存在装卸货效率低下、机械运行能耗过高、安全系数较低和碳排放指数较高等问题，不仅影响铁路货运效率，还存在较大较多安全隐患，更不利于铁路行业节能减碳工作的推进。因此，急需一种智能化、高效率、低能耗的货物装卸机械。

1. 存在问题分析

我国铁路货物装卸环节通常使用人工装卸或叉车、推车、皮带传送机等简单装卸机械。人工装卸货物由于货物重量差异和操作空间局限，装卸人员劳动强度较大、装卸质量无法保证、作业效率较低且存在较大安全隐患。简单机械装卸存在以下问题：第一，这些装卸设备不能很好地适用于铁路货物装卸各种应用场景，无法完成与各运输机械间的良好配合，从而导致使用范围受限和装卸效率低下；第二，通用装卸机械较为简单，但使用过程中存在较多安全隐患，从而导致货物损坏和人员伤亡，造成一定的时间损失、经济损失和安全问题；第三，为了追求装卸效率，常出现机械超负荷使用和工作的现象，且在机械不影响使用的情况下不注重机械的保养和维护，存在安全隐患；第四，装卸作业信息传输不及时，信息获取不准确，使各装卸作业间无法平衡和协调以追求效率最大化，在一定程度上延长了货物装卸时间，增加了时间成本、运营成本和环境成本；第五，简单机械普遍采用较为传统的用能方式且能源转化效率较低，因此存在能源消耗过大、碳排放过量等环境问题。

2. 低碳优化方法

（1）优化装卸设备

使用电动叉车、电动堆高车等低碳设备替代传统的柴油或汽油驱动的装卸设备，这些电动设备运行时产生的碳排放更少，且通常更安静。选择能效高、能耗低的装卸设备，如高效的液压系统、智能控制系统等，减少能源消耗。

（2）自动化和智能化技术

采用自动化装卸系统，如自动化仓库、机器人装卸系统等，提高装卸效率，减少人工操作带来的能源浪费。利用智能调度系统优化装卸流程，通过数据分析和预测合理安排装卸作业，减少设备的空载运行和不必要的等待时间，从而减少碳排放。

（3）优化装卸流程

优化货物的装卸流程，尽量减少货物在装卸过程中的搬运次数和中转环节，降低能耗和排放。通过培训操作人员、优化装卸技术，提高装卸作业的效率，减少作业时间，从而降低碳排放。

（4）绿色仓储管理

建设符合环保标准的绿色仓储设施，如使用节能照明系统、采用自然通风等，减少仓储过程中的能耗和碳排放。在需要的情况下使用节能的温控系统，保持仓库内适宜的温湿度，减少能源消耗并减碳。

（5）使用可再生能源

在装卸设施或仓库屋顶安装太阳能电池板，利用太阳能为装卸设备提供电力，减少对传统电网的依赖。或在风资源丰富的地区利用风能发电设施，进一步减少碳排放。

（6）减少废弃物和资源回收

采用可回收、可再利用的包装材料，减少废弃物的产生，降低碳排放。设置有效的废弃物回收和处理系统，确保废弃物得到妥善处理和回收，减少对环境的影响。

（7）监测与改进

利用监测系统实时跟踪装卸过程中的能耗和排放情况，发现并改进不符合低碳标准的操作环节。定期评估装卸过程中的低碳措施效果，持续改进操作流程和技术，提升低碳优化水平。

四、新能源管控系统建设

1. 管理难点

（1）设施设备不健全

铁路能源消费主要包括列车运行电耗和车站电耗。列车运行方面，牵引方式、车载设备种类及数量、列车流线化程度等均会影响列车运行能耗。车站用能设备包括暖通空调、照明系统、电梯设备及其他辅助设备，这些设备普遍存在数量多、用时长、分布广等特点，且部分设备还存在型号多样、能源介质复杂等特点，很难对所有用能实施设备进行有效整合和统一控制。

进行新能源管理的要点和前提是进行较为及时和准确的能源消费计量。关于能源计量器具的配备，《用能单位能源计量器具配备和管理通则》有专门的规定和要求，目前很多用能场所能源计量器具无法满足要求，掣肘了能源计量工作。主要存在以下三种情况：一是计量器具配备不足，数量较少，不能满足重点用能场所、关键用能部位、重点耗能设备的全覆盖，造成实际用能情况无法及时、准确统计；二是计量器具功能不完备或计量数据准确性不够，没有发挥计量器具的作用，采集数据失真；三是计量器具分布不合理，有些区域数据重复采集，有些区域则数据缺失，最终采集结果不全面或不具备代表性。

空间设计节能设计不完善造成的能源损耗严重。以铁路客站为例，站房通常采用高大建筑、透光设计和多进出口设置等形式，以满足旅客快速通过、足够的明亮度、通透性和大容量等需求，造成铁路客站室内外热交换较大、空间广阔且设计分区不合理，对流严重等现象导致能源损失严重，能源损耗较多。

（2）体制机制不完善

铁路按照归属可以分为国家铁路、地方铁路、专用铁路和铁路专用线。[12]铁路线路和车站等资产产权归属各有不同，铁路局所属即为中国各铁路局集团管辖。合资公司所属又涉及资产产权和运营管理等，对于合资公司所属铁路线路和车站，资产产权属于合资铁路公司，但其委托铁路公司运营的部分能源消耗应该由合资公司承担。此种情况下存在能源管理主体责任不清晰和管理工作受限等约束，缺乏内在管理动力，能源管理处于相对被动的局面。

2. 管理要点

新能源普遍存在一定的波动性特点，因此有效储能和合理分配负荷，尽量让用能设备使用绿电，以稳定安全的方式消纳绿电，能够有效提高绿电的整体利用效率。除此之外，用能设备涉及范围较广，有水电、冷暖、气等多种能源需求，通过技术手段对能源进行能流监测和智能管控，建立多能源协调控制机制和负荷优化调节，实现各供电侧和用能侧自动监测、自主分析和优化控制，达到供能和用能动态匹配、追随控制，最终实现电力供应安全、可靠、低碳。

(1) 功能定位

新能源综合管控系统包含了新型能源供应和管理，具有源网荷载和储存、供应一体化、多种能源供应方式互补和灵活调节供需平衡的特点。新能源综合管控系统要求通过利用各种能源子系统在时间、空间上的特性，结合用能特点，达到可再生能源消纳、各能源配合补充高效利用的效果，并最终实现增加新能源使用、减少化石燃料消费、减少温室气体等消极排放，实现绿色低碳发展、助力铁路"双碳"目标。

新能源综合管控系统设计应以新能源供应系统为基础，以保障性电力供应为辅助，以数据采集、统一控制和统筹安排为手段，以节能减排为核心，实现多能源管理与控制、协调多系统用电、实现新能源的精准分析与管控。

(2) 系统组成

新能源综合管控系统首先需要对功能设备（包括设备种类、数量、产值等）和用能设备（包括设备种类、数量、用能特点、需求量）等进行实时监控并获取准确的数据，将采集到的数据实时传输至综合控制系统中。其次，上传至综合控制中枢的数据需要控制层对其进行处理，结合新能源发电系统实时发电状态、既有储能系统工作状态和用电设备用能状态，对数据进行综合梳理、分析，对设备进行能效最优化处理。最后，对一定时期的数据进行综合分析，包括能源供给系统、储能系统和能耗系统，根据历史数据进行产能和用能预测，协调发电量与耗电量之间的关系，实现多能互补和用能优化调度。

(3) 设计要点

提高新能源利用效率、降低能耗、节能减排是新能源综合管控系统的主要工作目标。在此情况下，通过负荷调度以实现能源均衡利用，通过用能预测以综合协调能源高效分配。储能调节同样重要，通过过剩能源的储存与调节、对各用能子系统进行建模、对子系统监控和预测，可为负荷智能调控和供需匹配提供重要依据和数据支撑。除此之外，根据实际需要将用电用能系统划分为不同的应用场景，为每一种应用场景设置不同的运行策略，再通过储能系统配合进行能源的智能分配，可在一定范围内以供定需，最大限度提高新能源储备能力和使用效率。

3. 建设要点

(1) 系统架构与设计

建立新能源综合管理系统，整合各类新能源数据，进行统一调度和管理。系统应具备数据采集、分析、控制、优化等功能。构建智能电网基础设施，实现电力系统的智能化管理和控制。智能电网能够提高电力系统的稳定性和可靠性，支持可再生能源的接入和优化调度。

（2）新能源发电与集成

接入太阳能、风能、生物质能等可再生能源发电系统，将其与传统能源系统进行整合，实现清洁能源的优先使用。推广分布式能源系统，如光伏发电、小型风电系统等，提高能源供应的本地化水平和利用效率。部署先进的储能系统（如电池储能、抽水蓄能等），平衡新能源发电的间歇性和波动性，提高能源系统的稳定性。

（3）智能调度与优化

利用大数据分析和人工智能技术对能源需求进行预测，优化能源的调度和分配，提高系统的运行效率。实施需求响应策略，通过调节用户的能源需求平衡电力供应和需求，优化能源利用。应用先进的优化算法（如线性规划、遗传算法等）对能源系统进行优化，提升整体运行效率和经济性。

（4）监测与控制

安装实时监测设备，对能源系统的各项指标进行实时监控，确保系统的正常运行和及时响应故障。实现对新能源设备的远程监视和控制，提升系统的管理灵活性和响应速度。[13]

（5）数据分析与报告

收集和分析能源系统的运行数据，生成详细的分析报告，帮助决策者了解能源使用情况和优化方案。定期生成能源管理报告，并对系统运行情况进行反馈和改进，确保目标的实现。

（6）技术创新与合作

加大对新能源技术和管控系统的研发投入，推动技术创新，提升系统的性能和功能。与科研机构、技术供应商、行业协会等进行合作和交流，获取最新的技术和解决方案，推动系统的不断改进和升级。

通过以上措施，新能源管控系统能够有效地推动能源结构的转型，实现绿色电力的高效利用。

参考文献

[1] 贺觉渊. 国家发改委能源局发布新能源高质量发展实施方案[N]. 证券时报, 2022-05-31(A01).

[2] 齐金龙. "新能源直供电"概念和影响分析[J]. 中国电力企业管理, 2022(22): 66-67.

[3] AKBARI S, FAZEL S S, HASHEMI-DEZAKI H. Energy management of networked smart railway stations considering regenerative braking, energy storage system, and photovoltaic units[J]. Energy Engineering: Journal of the Association of Energy Engineering, 2023, 120(1): 69-86.

[4] 张舜, 张蜇. 基于光伏发电的铁路与新能源融合潜力评估[J]. 中国铁路, 2023(11): 64-71.

[5] 张蜇, 闫姝蓉, 贾利民. 考虑碳交易的高铁车站光伏发电潜力分析[J]. 太阳能, 2023(8): 20-28.

[6] 魏剑, 王平. 许昌: 电力装备追"新"逐"链"[N]. 河南日报, 2024-06-21(3).

[7] 国家能源局. 国家能源局发布1—4月份全国电力工业统计数据[R/OL]. (2023-05-19)[2025-01-06]. https://www.nea.gov.cn/2023/05/19/c_1310720047.htm.

[8] 庄新玉. 交通运输一体化中铁路运输发展路径研究[J]. 运输经理世界, 2024(3): 166-168.

[9] 张晓虎, 张熊, 张克良, 等. 储能技术在轨道交通再生制动能量回收的应用[J]. 电气工程学报, 2023, 18(2): 210-220.

[10] 万宇翔, 张钢. 城市轨道交通列车再生制动能量回收技术研究[J]. 科技创新与应用, 2019(31): 161-166.

[11] 卢春房. 铁路低碳发展导论[M]. 北京: 中国科学技术出版社, 2023.

[12] 全国人民代表大会常务委员会. 中华人民共和国铁路法[Z]. 2015-04-24.

[13] 吕斌, 刘惟栋, 张英震, 等. 探讨汽车企业如何进行持续改善以提高设备生产效率和产品质量[J]. 中国设备工程, 2024(14): 73-75.

第六章 铁路"线路末端开发"减碳机制

"公转铁"是一种运输方式的转变,通过以低碳排放的电力代替高碳排放的燃油,实现运输效率的提高和碳排放量的减少。由于铁路与工矿企业、物流园区之间缺乏企业专用线(即线路末端),且企业自建专用线积极性不高,制约了"公转铁"的发展。本章从企业自建铁路专用线低碳建设、低碳低成本运输等角度提出专用线建设思路,并分析专用线全生命周期综合效益,提出综合评价方法,提出政府激励型机制和企业互助型激励机制,助力铁路线路末端开发,促进"公转铁"政策的实施,实现全社会层面的碳减排。

第一节 线路末端开发的必要性与可行性

"公转铁"政策的实施不仅在铁路层面提升了运输效率,而且在社会层面减轻了交通拥堵并减少能源消耗,降低了碳排放量。但是因专用线不足、铁路运输缺乏灵活性等原因,严重制约了"公转铁"战略的全面实施。

一、"公转铁"的基本现状

统计数据显示,2019年中国交通运输业的二氧化碳排放量为12.74亿吨,占全国碳排放量的12.42%。其中,道路运输占比最大为79.15%,其他依次为航空、水路、轨道交通(铁路和城市轨道交通)、管道运输。长期以来,我国都保持着公路货运总量在全国货运总量的高占比情况,而铁路货运总量不足公路的1/10。这一现状使得我国交通运输结构存在较大问题和弊端,无论是经济效益、节能环保还是运输效率,都有待通过调整运输结构来提高和完善。交通运输行业二氧化碳排放主要来源于化石燃料的消费,无论哪种交通方式都需要能源作为其动力来源,铁路每万换算吨公里终端能耗相对民航、公路、管道和水运分别为11%、15%、10%和

52%，因此铁路运输的单位运输周转量能耗是五大类运输方式中最低的，即铁路是最节能的运输方式。相比于公路运输，铁路运输具有运量大、碳排放少、单位能耗低等特点。相同的货物运输量，铁路运输的能耗是公路运输的约1/7。

"公转铁"政策实施以来，从2018年到2022年的五年间全国铁路货运总发送量逐年增长，由409 268万吨增长到498 424万吨，但增长率略有起伏。虽然全国铁路货运总发送量不断增长，但是需要在大宗货物和中长距离货物的运输中提供更好的服务、吸引更多的货流、降低全社会碳排放量。近年来，中国在"公转铁"方面取得了显著进展，"公转铁"政策对铁路货运周转量有一定的影响，带动了铁路货运量的增加。

专用线是解决铁路运输"最后一公里"问题的关键。到2021年年底，全路3500个左右的货运营业站接轨8448条专用线（不包括军专线、保密线），总里程约3.09万公里。[1]据统计，2015年、2016年、2017年铁路专用线货物发送量分别占国铁集团总发送量的76%、74%、75%。铁路专用线货物发送量占国铁集团总发送量的近80%。

"公转铁"的推进不仅提升了铁路运输的效率，也对减轻交通拥堵、降低环境污染和促进可持续发展起到了积极作用。"公转铁"在不断发展的同时，仍存在较大的发展空间。

二、"公转铁"存在的问题

"公转铁"政策在提升铁路运输效率和改善交通状况方面取得了显著进展，但是其在实施过程中也暴露出铁路货运产品适应性较低、铁路货运标准化程度不高、铁路运输时效性较低和线路末端开发不足等制约性和约束性。[2]其中，以线路末端开发不足最为严峻。铁路基础设施覆盖面不够，特别是针对大型工矿企业，专用线的缺乏是一个显著的影响因素，严重制约了"公转铁"战略的全面实施。地方铁路专用线作为国家铁路网的延伸和补充，是全国铁路网和铁路货运的重要组成部分，可解决铁路运输"最后一公里"的问题。专用线的不足限制了铁路网络的通达性和运力，限制了线路的运输效率。在当前的铁路网络中，专用线的建设和布局尚未完全跟上铁路货运的发展形势。

三、专用线建设的必要性

建设铁路专用线的必要性在于其作为现代交通运输体系的关键一环，可解决

"最后一公里"问题。这一举措不仅是对当前运输结构优化的积极响应,更是推动"公转铁"战略实施、减少环境污染、缓解交通压力的重要途径。

铁路专用线直接连接生产地与消费地,通过减少中转环节,可显著提升运输效率、降低物流成本。这种高效、低成本的运输方式,对于吸引企业投资、促进区域产业集聚、增强区域经济活力具有不可估量的价值。同时,专用线的建设还能促进物流、仓储等相关行业的协同发展,进一步拓宽了经济发展的空间。

在环保方面,铁路专用线作为绿色交通的典范,其大规模应用有助于减少公路运输带来的尾气排放和噪声污染,对于改善空气质量、保护生态环境具有积极作用。这符合国家对绿色发展、低碳经济的战略要求,是实现可持续发展的重要举措。铁路专用线作为大宗货物铁路运输的重要组成部分,可为铁路货物运输"最后一公里"提供支撑条件,实现铁路与企业的无缝对接。[3] 这不仅可提高铁路运输的便捷性和灵活性,也为企业提供了更加可靠、高效的物流解决方案,增强了企业的市场竞争力。

建设铁路专用线是一项具有多方面重要意义的战略决策。它不仅能够优化运输结构、促进经济发展、降低物流成本,还能够推动绿色发展、改善环境质量、提升运输效率。因此,应高度重视并积极推进铁路专用线的建设,为构建现代化、高效化、绿色化的交通运输体系贡献力量。

总体来看,专用线开发不足在一定程度上制约了"公转铁"战略的全面实施,影响了铁路运输的效率和服务质量。为了解决这些问题,亟须在铁路网络规划中更加重视专用线的建设和优化,以提升交通系统整体的运作效率。

四、专用线建设的可行性

在当前铁路绿色发展和碳减排目标的背景下,原本不具有建设可行性的专用线具备了显著的可行性。其可行性改变的主要原因是"低技术标准需求"和"碳配额政策"对企业的激励效应。

专用线的"低技术标准需求"为降低建设成本提供了基本条件。专用线通常服务于特定企业或货物运输,其速度需求低于常规铁路货物运输,因此可以采用较低的技术标准,包括较低的轨道质量标准、较小的曲线半径和坡度限制等,使得专用线的建设成本显著降低。较低的技术标准需求不仅可减少工程费用,还可缩短建设周期。此外,专用线的设计可以灵活调整,避免遵循普通铁路的严格规范,从而进一步降低建设成本。这种低成本建设的特点使得专用线成为一种经济高效的投资选择,有助于实现碳减排和绿色发展目标。

"碳配额政策"的实施显著提高了企业建设专用线的主观意愿。根据碳配额政策，企业在进行低碳投资和低碳运营时可以通过减碳获得碳收益，包括碳排放权交易的收入和碳减排政策性奖励等。政策奖励为企业提供了一定程度的政策和发展上的支持，鼓励其投资于专用线建设。专用线的建设有助于提升运输效率、降低货物运输经济成本、减少货物运输中的碳排放，并降低整体运营成本。通过降低运营费用和获取碳收益，企业能够显著缩短投资的回收期。综合考虑碳收益和成本节约，专用线的建设回报变得更加具有吸引力，这进一步激发了企业的投资意愿。

第二节　地方铁路专用线低碳建设策略

地方铁路专用线低碳建设方案包括绿色低碳设计、低技术标准的优化运用、低碳施工管理和低碳运营管理。通过简化基础设施、降低技术标准、降低材料要求等推动专用线建设成本降低和绿色低碳化。

一、建设思路

在地方铁路专用线的建设中，推动绿色低碳和成本低廉的目标需要全面系统化的思路。这涉及对铁路系统建设和运营全过程的深入理解和精细化设计，以最大程度地提高资源利用效率，并实现综合效益的最大化。

低速运行是实现低碳和低成本的关键因素。列车在低速运行时空气阻力和机械摩擦较小，这显著减少了能源消耗。为了在建设中实现这一目标，应优先设计低速运行的线路，确保列车在最优速率下运行。可以通过设置合理的坡度和曲线半径优化列车的行驶速度范围，从而减少加速和制动频率，进一步降低能源消耗。

在材料选用方面，应优先考虑再用材料。再用材料可以有效降低采购成本，还能减少新资源的开采和加工，从而降低运输和制作过程中的碳排放。合理利用当地材料可以进一步减少运输过程中的碳排放。此外，通过在建设过程中最大限度地利用现有资源，减少对新材料的需求，能够显著降低整体环境负担。

简化线路设计和设备配置是地方铁路专用线低碳建设的重要策略之一。由于地方铁路专用线的技术标准要求相对较低，可以通过简化设计来降低建设和维护成本。例如，简化线路布局可以减少复杂的工程建设和维护需求，从而降低对高能耗技术和复杂系统的依赖。同时，简化设备配置、降低技术要求，能够减少对高能耗设备的需求，降低能源消耗和维护成本。这种简化措施还包括采用更为节能的施工工艺，以减少能源消耗。

在运维阶段，低碳管理措施同样重要。定期维护和检查设备，确保其高效运行，是减少能源消耗的关键。优化列车运行图和调度方案可以有效减少能耗，提高运营效率。采用节能的运营管理方式，如智能调度系统和节能运行模式，有助于进一步降低能源消耗。此外，鼓励使用可再生能源，如太阳能或风能，为铁路专用线的运维提供绿色能源支持，也能够显著减少碳排放。

综合来看，将低速运行、选择再用材料、简化技术标准和优化运维管理等策略有机结合，可以制定出一个既经济又环保的地方铁路专用线低碳建设方案。这种方案不仅能够最大化经济效益，还能有效减少资源浪费，减轻环境负担，从而实现低碳建设的目标。这种系统化的思路不仅为地方铁路专用线的可持续发展奠定了坚实的基础，还为其他类似项目提供了宝贵的经验和参考。

二、材料选型策略

在地方铁路专用线的低碳建设过程中，轨道材料的选型策略对于实现环保和经济效益至关重要。再用轨道材料的应用，尤其是钢轨、轨枕、道床和扣件的选择需要综合考虑多方面因素，以确保建设和运营的双重目标能够实现。

再用轨道材料的选择必须保证其在强度、承载力和耐久性方面满足列车安全运行的要求。这些材料需要经过严格的检测和验证，以确保其能够在长期使用中保持所需的性能。

再生钢轨经过合理的回收再加工处理，其强度和承载力能够达到专用线列车运行的要求。在正常维护和使用条件下具有较好的耐久性，能够持续使用较长时间。

轨枕方面，混凝土轨枕具有较高的抗压强度和承载能力，能够有效支撑钢轨并分散列车荷载。其良好的耐久性使得在合适的环境和维护下能够长期稳定工作。

道床方面，级配合理的碎石道床能够提供足够的支撑和稳定性，承受列车的反复作用。而采用废旧橡胶颗粒与碎石混合的道床材料，在保证强度和承载力的同时也能具有一定的耐久性。

扣件的强度和稳定性对于固定钢轨起着关键作用。优质的再用扣件在具备轻量化和成本低等特点基础上，能够提供足够的扣压力，保证轨道结构的整体性和耐久性。

再用轨道材料的修补和维护也是关键考虑因素。如果修补这些轨道材料的成本（包括碳排放和人工费用）超出了预期范围，就需要考虑弃用这些轨道材料。修补成本的评估应综合考虑轨道材料的实际修复需求、预期使用年限以及修复后的性能效果。通过详细的成本效益分析,可以确定哪些轨道材料的修补是经济合算的,哪些则需要寻找其他替代方案。合理的修补策略不仅有助于节省费用,还能降低项目的环境负担,确保项目在经济和环保方面的最佳效果。

运输过程中的碳排放和运输成本也是影响再用材料综合效益的重要因素。选择离建设地点较近的再用材料来源可以有效减少运输过程中的碳排放和运输费用,从而提升再用材料的整体经济效益。在材料运输过程中尽可能减少运输距离,有助于降低整体碳排放、减少运输成本、提高项目的经济性。选择本地或区域内的供应商不仅能够降低物流成本,还能减少环境影响,实现更高的资源利用效率。

再用轨道材料的匹配性也是至关重要的。钢轨、轨枕、道床和扣件等材料之间的良好配合直接影响到轨道系统的整体稳定性和安全性。如果材料之间无法实现良好配合,则需要对材料型号进行调整,甚至在必要时弃用部分材料。确保所有材料能够无缝配合,是保证轨道系统正常运行和维护轨道结构稳定性的关键。通过精确的匹配性测试和调整,可以避免由于材料不匹配带来的结构性问题,确保铁路线路的长期安全和稳定运行。

由于地方铁路专用线主要用于货物运输,因此在材料选型时应以满足货物运输需求为核心,优先考虑材料的承载能力、耐久性和经济性,而非旅客的舒适性。材料的选择应注重其能够支撑和稳定轨道系统的能力,同时控制建设和运营成本。通过优选材料的使用,可以在满足货物运输需求的同时实现低碳建设目标。

通过保证再用轨道材料的强度和耐久性、合理评估修补成本、优先选择近距离材料供应、确保材料之间的良好配合,并以货物运输需求为核心,可以实现地方铁路专用线的低碳建设目标。这些策略将有助于提升项目的经济效益,减少环境负担,并确保铁路系统的稳定性和长期运行效率。在实施这些策略时,需要综合考虑各个环节的影响,通过系统化管理和优化推动相关企业的可持续发展。

三、铁路专用线对城市切割的规避策略

为避免铁路专用线对城市造成分割,需从多角度着手,涵盖优化选址与规划、采纳尖端工程技术、强化规划协调以及探索多功能利用等方面,以显著降低铁路专用线对城市发展的不良影响,并推动城市与铁路专用线的和谐共存。

1. 新建专用线的优化规划

在城市建设的初期或铁路专用线规划阶段,必须充分评估其对城市空间布局的

潜在影响。新建铁路专用线应尽可能规避穿越城市中心或人口稠密区域，而应选择在城市边缘或外围地带进行布局，以降低对城市空间的直接分割。

2. 采用先进的工程技术手段

在铁路专用线的建设与运营过程中，可运用高架桥、地下通道或隧道等工程技术，实现铁路专用线与城市空间的立体分离。此方法不仅可减少铁路专用线对城市地面空间的占用，还能有效减轻其对城市交通和居民生活的影响。

3. 加强铁路专用线与城市规划的协调

铁路专用线的规划与建设应与城市总体规划、土地利用规划等保持一致，确保铁路专用线布局与城市发展空间的协调性。在制定城市规划时，应充分考虑铁路专用线的存在，合理规划城市功能区划和交通组织，以减少铁路专用线对城市发展的限制。

4. 探索铁路专用线的多功能利用

对于既有铁路专用线，应探索其多功能利用的潜力。例如，可将废弃或闲置的铁路专用线改造为城市轨道交通线路。

第三节　地方铁路专用线综合效益分析方法

地方铁路专用线全生命周期综合效益就是铁路专用线建设所需要的经济支出和所带来的运输效益、碳效益等之间所形成的整体效益。通过地方铁路专用线全生命周期综合效益分析与评价，有利于推动企业盘活废弃铁路专用线和新建低成本铁路专用线，以带动"公转铁"等运输方式的改变。通过畅通铁路"最后一公里"降低全社会碳排放，从而实现企业经济和全社会环境效益的双赢。

一、铁路专用线全生命周期成本分析

1. 成本构成分析

根据全生命周期理论，专用线成本可分为规划设计成本、建设成本、运营维护成本与报废拆除成本。[4] 规划设计成本一般为工程总造价的 1% 左右，企业发展过

程中也不需要考虑报废拆除，故专用线成本仅考虑建设成本和运营维护成本。

(1) 建设成本分析

建设成本分为土建工程投资和机车车辆购置费（或租赁费）。

土建工程投资包括征地拆迁、路基工程、桥涵工程、隧道工程、轨道工程、通信及信号工程、电力及电力牵引供电工程、站场工程、房屋工程及其他运营生产设备及建筑物等的建造成本，还包括临时设施等间接费用、预备费、工程造价增长预留费等。如果专用线项目使用贷款进行建设，还应包括建设期贷款利息。考虑到专用线不宜投入太多的资金，建议采用内燃机车调车或蓄电池机车调车，此时不计算电力牵引供电工程的成本。

机车车辆购置费用于采购机车、货车。因专用线的长度一般较短，车列可采用调车机车牵引。即在企业场站进行编组，采用调车机车将车列牵引至铁路正线车站，再改为货运机车牵引车列。若企业发送或接受货运量不大，可租用机车。对于车辆，若企业货运量较大，可采用自备车，反之可租赁。因此，本部分费用以购置费或租赁费的形式计入成本。

(2) 运营维护成本分析

运营维护成本包括线路日常维护成本、行车设备维护成本、机车车辆维护成本。

中小企业大多将专用线委托给铁路部门代为维护，[5] 此时线路日常维护成本、行车设备维护成本、机车车辆维护成本以委外货币形式存在。铁路专用线代运营代维护费应按铁路部门上限标准取值。

对于大煤矿、钢铁厂等大型企业，其专用线运量大、线路多、延展里程长，线路、行车设备、机车车辆可自行维护。此时，运营维护成本主要体现为设备费、配件费、材料费、维护人员工资等。当运量较低时，购置机车车辆会有较多的能力闲置而产生较高的运营成本，可选择租赁的方法，此时运营维护成本体现为租赁费。

2. 全生命周期成本模型

为了更准确地分析全生命周期成本，采用折现率法构建成本模型。资金有时间价值，折现率 i 在计算期内动态变化。为计算方便，参考目前折现率常见取值方法，假定折现率 i 在全生命周期内保持不变。建设成本为建设年限内累加每年投资的净现值得到。运营维护成本为投入运营年份至全生命周期内累加每年的维护费净现值得到。由此，可得到铁路专用线全生命周期成本现值：

$$C = \sum_{t=1}^{T_1} C_t(1+i)^{-t} + \sum_{t'=T_1+1}^{T} C_{t'}(1+i)^{-t'} \qquad (6-1)$$

式中：C 为铁路专用线全生命周期成本现值；C_t 为第 t 年建设费用；$C_{t'}$ 为第 t' 年运营维护费用；T_1 为铁路专用线建设年限；T 为铁路专用线全生命周期；i 为折现率，铁路目前取 8%。

二、铁路专用线全生命周期效益分析

1. 货流转移分析

铁路专用线解决了点到点运输难题，其可吸引企业货流由公路（或部分公路）转移至铁路，企业发端单股货流转移如图 6-1 所示。转移有两种：①原采用公路直达运输的中长距离货流，转移至专用线—正线—专用线（或公路短驳），见图 6-1（a），此种情况的碳减排效益较为显著；②原企业发端由公路短驳至铁路车站、再经铁路正线中长途运输的货流，转移至企业专用线—铁路正线—专用线（或公路短驳），见图 6-1（b），此时仅在企业发端专用线的路段内实现了货流转移，碳减排效益低于①。

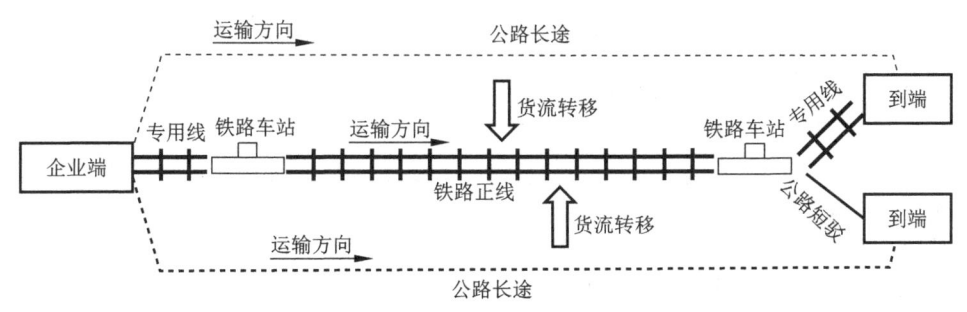

(a) 货流从公路长途转移至铁路正线

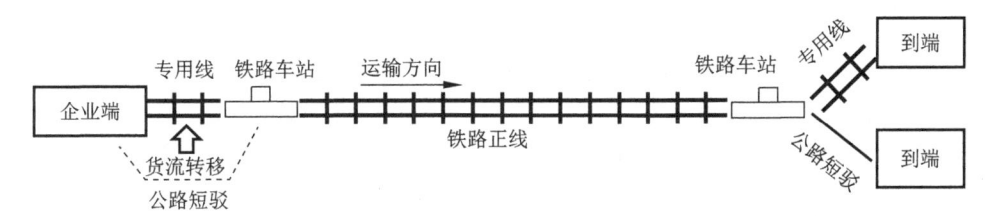

(b) 货流从公路短驳转移至铁路正线

图 6-1 单股货流转移示意图

2.铁路专用线全生命周期效益计算方法

铁路专用线全生命周期效益,即专用线建设项目为企业自身带来的效益,包括碳减排效益与货物运输成本节约效益。碳减排效益指因货物运输方式转变使货物全程运输碳排量减少而产生的效益;货物运输成本节约效益指因货物运输方式改变使货物全程运输成本降低而产生的效益。本章以企业发端为例,分析专用线全生命周期效益。

1)碳减排效益

公路运输有柴油货车、汽油货车、电力货车等类型,此处仅考虑柴油货车和汽油货车。各方式不同环节运载工具类型如表6-1所示。为了使测算模型简单适用,假定A、B、C三种方式的发端单位重量货物的装车工作量相等,到端单位重量货物的卸车工作量相等。故不计入其产生的碳排放量和费用,不影响碳减排效益分析结果和运输成本节约费用数值。

表6-1 各方式不同环节运载工具类型

运输方式	运输环节	运载工具	消费能源类型
全程公路运输(以下简称A方式)	发端:企业端装载货物 中途:全程公路运输 到端:到端卸载货物	柴油货车 汽油货车	柴油 汽油
公路(发端)→铁路→公路/铁路专用线(到端)(以下简称B方式)	发端:企业端装载货物、公路短驳运输 中途:公转铁装卸、铁路长途运输 到端:铁转公装卸、公路短驳运输、到端卸载货物(或铁路专用线运输、到端卸载货物)	公路运输: 柴油货车 汽油货车	柴油 汽油
		铁路运输: 铁路货运列车	内燃机车: 柴油 电力机车: 电力
铁路专用线(发端)→铁路→公路/铁路专用线(到端)(以下简称C方式)	发端:企业端装载货物、铁路专用线运输 中途:铁路长途运输 到端:铁转公装卸、公路短驳运输、到端卸载货物(或铁路专用线运输、到端卸载货物)	公路运输: 柴油货车 汽油货车	柴油 汽油
		铁路运输: 铁路货运列车	内燃机车: 柴油 电力机车: 电力

本书采用碳减排量和碳减排率数据化呈现拟建专用线的碳减排效果。设企业采用 A 方式运输中有 a 股货流、B 方式运输中有 b 股货流均转移至 C 方式运输，A 方式下 a 股货流产生的碳排放量为 E_A，B 方式下 b 股货流产生的碳排放量为 E_B，转移货流采用 C 方式运输产生的碳排放量为 E_C，则拟建专用线碳减排量及碳减排率计算式为

$$\Delta E = E_A + E_B - E_C \tag{6-2}$$

$$\delta E = \Delta E / (E_A + E_B) \tag{6-3}$$

式中：ΔE 为拟建专用线碳减排量；δE 为拟建专用线碳减排率。

为将碳减排量货币化，引入碳交易政策，构建拟建专用线碳减排效益计算式为

$$I_1 = \Delta E \cdot c \tag{6-4}$$

式中：I_1 为拟建专用线的碳减排效益；c 为碳配额均价。

铁路列车属于移动源，其碳排放测算方式大体上可分为自上而下算法及自下而上算法。其中，自上而下算法是由能源消耗量及相应能源的能量转换因子来计算碳排放量，能源消耗量已知时计算较为简单。最典型的自上而下方法的改进为 ASIF（作业活动-方式结构-能耗强度-排放因子）方法，下面采用该方法构建 A、B 和 C 方式运输过程中的碳排放量测算模型。

（1）A 方式碳排放量 E_A 测算

A 方式为全程公路运输，A 方式下 a 股货流产生的碳排放量计算式为

$$E_A = \sum_{i=1}^{2} \sum_{x=1}^{a} m_x \cdot l_{x,A} \cdot S_{i,A} \cdot I_{i,A} \cdot F_{if,A} \tag{6-5}$$

式中：m_x 为方式 A 的第 x 股货流的货流量；$l_{x,A}$ 为第 x 股货流采用 A 方式运输的距离；$S_{i,A}$ 为采用 A 方式运输的第 i 种运载工具的所占比重；$I_{i,A}$ 为采用 A 方式运输的第 i 种运载工具的能耗强度；$F_{if,A}$ 为采用 A 方式运输的第 i 种运载工具所消耗能源 f 的排放系数。

（2）B 方式碳排放量 E_B 测算方法

B 方式包括发端公路运输、铁路正线运输、到端公路或铁路专用线运输及货物中途装卸产生的碳排放，其中的 b 股货流产生的碳排放量计算式为

$$E_B = E_{B1} + E_{B2} \tag{6-6}$$

$$E_{B1} = \sum_{j=1}^{4} \sum_{n=1}^{3} \sum_{y=1}^{b} m_y \cdot l_{y,B}^n \cdot S_{y,B}^{nj} \cdot I_{y,B}^{nj} \cdot F_{y,B}^{nif} \tag{6-7}$$

$$E_{B2} = \sum_{y=1}^{b} q_{y,B} \cdot m_y \cdot E_{ZY} \qquad (6\text{-}8)$$

式中：E_{B1}、E_{B2} 分别为 B 方式货流于发端与到端之间运输产生的碳排放量和因运输方式转换产生的碳排放量；m_y 为方式 B 的第 y 股货流的货流量；n 为运输过程，$n=1$、2、3 分别表示发端公路运输、铁路正线运输和到端运输；$l_{y,B}^{n}$、$S_{y,B}^{nj}$、$I_{y,B}^{nj}$、$F_{y,B}^{njf}$ 分别为第 y 股货流采用 B 方式运输的第 n 个运输过程的运输距离、运载工具 j 的所占比重、运载工具 j 的能耗强度、运载工具 j 所消耗能源 f 的排放系数；$q_{y,B}$ 为第 y 股货流采用 B 方式运输的运输方式转换次数；E_{ZY} 为转运碳排放因子。

（3）C 方式碳排放量 E_C 测算方法

C 方式需计算包括发端和中途铁路运输、到端公路或铁路专用线运输及货物中途装卸产生的碳排放。当 A 方式和 B 方式的货流转移至 C 方式时，采用 C 方式运输产生的碳排放量计算式为

$$E_C = E_{C1} + E_{C2} \qquad (6\text{-}9)$$

$$E_{C1} = \sum_{k=1}^{4} \sum_{p=1}^{3} \sum_{z=1}^{a+b} m_z \cdot l_{z,C}^{p} \cdot S_{z,C}^{pk} \cdot I_{z,C}^{pk} \cdot F_{z,C}^{pkf} \qquad (6\text{-}10)$$

$$E_{C2} = \sum_{z=1}^{a+b} q_{z,C} \cdot m_z \cdot E_{ZY} \qquad (6\text{-}11)$$

式中：E_{C1}、E_{C2} 分别为 C 方式货流于发端和到端之间运输产生的碳排放量和 C 方式货流因运输方式转换产生的碳排放量；m_z 为经 A 方式或 B 方式转移的第 z 股货流的流量；p 为运输过程，$p=1$、2、3 分别表示发端铁路专用线运输、铁路正线运输和到端运输；$l_{z,C}^{p}$、$S_{z,C}^{pk}$、$I_{z,C}^{pk}$、$F_{z,C}^{pkf}$ 分别为第 z 股货流采用 C 方式运输的第 p 个运输过程的运输距离、运载工具 k 的所占比重、运载工具 k 的能耗强度、运载工具 k 所消耗能源 f 的排放系数；$q_{z,C}$ 为第 z 股货流采用 C 方式的运输方式转换次数。

2）货物运输成本节约效益

设 A 方式下 a 股货流的货物运输成本为 I_A，B 方式下 b 股货流的货物运输成本为 I_B。当 A 方式和 B 方式货流转移至 C 方式时，C 方式货流的货物运输成本为 I_C，则"最后一公里"货物运输成本节约效益 I_2 为

$$I_2 = I_A + I_B - I_C \qquad (6\text{-}12)$$

（1）A 方式运输费用 I_A 测算

$$I_A = \sum_{x=1}^{a} m_x \cdot l_{x,A} \cdot C_g \qquad (6\text{-}13)$$

式中：C_g 为公路货运的单位运费。

（2）B 方式运输费用 I_B 测算

B 方式运输成本包括发端公路短驳运输成本、铁路正线运输成本及到端短驳运输成本和货物中途装卸成本，其计算式为

$$I_B = \sum_{y=1}^{b} m_y \cdot (l_{y,F} \cdot g + q_{y,B} \cdot e) + \sum_{y=1}^{b} I_y^T + \sum_{y=1}^{b} I_y^D \tag{6-14}$$

当到端为公路运输时，第 y 股货流的到端短驳运输成本为

$$I_y^D = m_y \cdot g_y \tag{6-15}$$

当到端为铁路专用线运输时，产生取送车费用，第 y 股货流的到端短驳运输成本为

$$I_y^D = m_y \cdot 2l_{y,td} \cdot h_y \tag{6-16}$$

式中：$l_{y,F}$ 为第 y 股货流的发端公路短驳运输距离；g 为公路长途运输费率；g_y 为第 y 股货流的公路短程接驳费率；e 为中转装卸费；I_y^T 为第 y 股货流的铁路正线运输成本；I_y^D 为第 y 股货流的到端短驳运输成本；$l_{y,td}$ 为第 y 股货流的到端铁路专用线长度；h_y 为第 y 股货流的铁路取送车费率。

（3）C 方式运输费用 I_C 测算

C 方式运输成本包括发端铁路专用线运输成本、铁路正线运输成本、到端短驳运输成本和货物中途装卸成本。当 A 方式和 B 方式的货流转移至 C 方式时，采用 C 方式运输产生的运输成本计算式为

$$I_C = \sum_{z=1}^{a+b} m_z \cdot (2l_{zyx} \cdot h_z + q_{z,C} \cdot e) + \sum_{z=1}^{a+b} I_z^T + \sum_{z=1}^{a+b} I_z^D \tag{6-17}$$

式中：l_{zyx} 为企业拟建铁路专用线长度；h_z 为第 z 股货流的铁路取送车费率；I_z^T 为第 z 股货流的铁路正线运输成本；I_z^D 为第 z 股货流的到端短驳运输成本。

当到端为公路运输时，第 z 股货流的到端短驳运输成本 I_z^D 为

$$I_z^D = m_z \cdot g_z \tag{6-18}$$

式中：g_z 为第 z 股货流的公路短程接驳费率。

当到端为铁路专用线运输时，产生取送车费用，第 z 股货流的到端短驳成本 I_z^D 为

$$I_z^D = m_z \cdot 2l_{z,td} \cdot h_z \tag{6-19}$$

式中：$l_{z,td}$ 为第 z 股货流的到端铁路专用线长度。

3. 铁路专用线全生命周期成本效益模型

考虑资金的时间价值，构建专用线全生命周期效益：

$$I = \sum_{t=T_1+1}^{T} (I_{1t} + I_{2t})(1+i)^{-t} \quad (6\text{-}20)$$

式中：I 为铁路专用线全生命周期效益现值；I_{1t} 为第 t 年碳减排效益；I_{2t} 为第 t 年货物运输成本节约效益；T_1 为铁路专用线建设年限；T 为铁路专用线全生命周期；i 为折现率，铁路目前取 8%。

第四节　企业自建铁路专用线的政策激励策略

企业自建铁路专用线的激励政策包括两个方面：一是政府激励政策，主要是指政府层面提供直接的财政补贴、税收优惠、土地政策等，提升企业自建铁路专用线的投资吸引力和综合效益，并在其市场化运作方面提供支持，优化铁路基础设施。二是市场激励政策，主要是指以碳交易互助机制、碳排放抵消机制和绿色金融支持等为主的非直接型手段，利用市场等调节机制促进企业自建铁路专用线，优化碳排放管理，支持绿色低碳发展目标。

一、政府激励政策

企业自建铁路并由政府买单的激励政策旨在提升铁路专用线的综合效益，并支持市场化运作。从一般性的角度出发，政府通常会通过一系列措施来激励企业建设和运营铁路专用线，以提高物流效率、降低运输成本并促进区域经济发展。具体政策内容可能因地区、时间以及政策调整而有所不同。政府激励政策包括财政补贴、税收优惠、土地政策、融资支持、政策支持与协调、标准与规范制定等。

财政补贴是指政府可以直接为企业提供财政补贴，以减轻其建设和运营地方铁路专用线的资金压力，这种补贴可以是一次性的建设补贴，也可以是按年度或项目进展情况提供的运营补贴。

税收优惠是指政府可以通过税收优惠政策来激励企业。例如，对建设和运营专用线的企业给予税收减免、税收返还或税收抵免等优惠政策。

土地政策是指政府可以在土地供应和土地使用费等方面给予企业优惠，以降低其建设和运营成本。例如，提供低价土地或减免土地使用费等。

融资支持是指政府可以通过提供低息贷款、担保贷款或贷款贴息等方式，帮助企业解决融资难题。此外，政府还可以引导社会资本参与地方铁路专用线的建设和运营，通过PPP（政府和社会资本合作）等模式实现共赢。

政策支持与协调是指政府可以出台相关政策文件，明确地方铁路专用线建设的重要性、目标和任务，并加强部门间的协调配合。同时，政府还可以为企业提供政策咨询、项目审批等便利服务，加快项目推进速度。

标准与规范制定是指政府可以制定和完善地方铁路专用线建设和运营的相关标准和规范，确保项目质量和安全。同时，政府还可以加强对地方铁路专用线的监管和评估，确保其发挥应有的经济和社会效益。

在实际操作中，政府可根据当地经济发展情况、政策导向以及企业实际需求等因素来制定具体的激励政策。针对地方铁路专用线建设，政府可出台一系列激励政策，以吸引企业投资并促进项目落地。此外，企业在申请政府激励政策时需要充分了解政策的具体要求和申请流程，并按照相关规定提交申请材料。同时，企业还需要加强自身管理和创新能力建设，提高项目运营效率和经济效益，以更好地满足政府和社会对专用线建设和运营的要求。铁路运输企业须优化服务，简化接轨手续、方案审查和工程建设等流程，并主动公开相关信息。[6]

二、市场激励政策

企业自建铁路专用线的市场激励策略包括碳交易互助机制、碳排放抵消机制和绿色金融支持等。

①碳交易互助机制。通过建立企业间的碳交易互助平台，促进碳配额的有效分配和使用。拥有多余碳配额的企业可以将其出售给自建铁路专用线但碳配额不足的企业，优化资源配置。此外，推动企业组成碳交易联盟，允许联盟内的企业在碳配额交易、技术共享等方面进行合作，可以降低整体碳排放成本。通过这种互助机制，企业可以更灵活地应对碳配额限制，实现共同的低碳发展目标。

②碳排放抵消机制。允许自建铁路专用线的企业利用其铁路运输带来的碳减排量，抵消部分自身生产过程中的碳排放。这种机制鼓励企业通过投资铁路专用线的建设和运营改进项目，获得额外的碳排放抵消额度，从而减少自身碳排放的总量。这不仅直接支持了企业的低碳目标，还推动了铁路专用线的绿色建设和运营。

③绿色金融支持。绿色金融支持为自建铁路专用线的企业提供融资便利。政府

可以为参与碳交易且自建铁路专用线的企业提供绿色信贷、绿色债券等金融产品，降低其融资成本。同时，建立碳交易与金融机构的合作机制，将企业在碳交易市场中的信用评级纳入金融机构的评估体系，为企业获得更多的金融支持创造条件。这种支持不仅可缓解企业的资金压力，还激励其在绿色低碳领域的投入和创新。

通过上述市场激励政策，可以有效激发企业自建铁路专用线的积极性，促进碳交易市场的健康发展，并支持实现全社会的碳减排目标。

参考文献

[1] 杨磊, 柯鹏, 钟畅. 推进铁路专用线高质量发展的对策研究[J]. 铁道货运, 2022, 40(11): 11-16.

[2] 张迪, 陈雷, 何守慧. 低碳运输下大宗货流"公转铁"对策研究[J]. 中国市场, 2022(3): 151-152.

[3] 周凌云. 合力推进铁路专用线建设破解铁路"最后一公里"难题[J]. 大陆桥视野, 2019(10): 5.

[4] 陈进杰, 王兴举, 王祥琴, 等. 高速铁路全生命周期碳排放计算[J]. 铁道学报, 2016, 38(12): 47-55.

[5] 武中凯, 鲁玉, 尹传忠, 等. 基于模糊综合评价的铁路专用线建设及经营模式研究[J]. 铁道运输与经济, 2017, 39(4): 53-57.

[6] 国家发展改革委. 关于加快推进铁路专用线建设的指导意见(发改基础〔2019〕1445号)[EB/OL]. (2019-09-01) [2025-01-06]. https://zfxxgk.ndrc.gov.cn/web/iteminfo.jsp?id=16285.

第七章 铁路建设项目固碳机制

基于固碳理念的铁路绿色发展就是从碳补偿（碳中和）的角度出发，对于节能减碳、绿色能源替代减碳和运输方式转变减碳等机制实施后仍存在的碳排放量，采取植树造林等形式实现正负抵消，达到相对"零排放"。主要包括两部分：一是在铁路建设过程中尽量保留原有绿化和生态，减少直接绿化破坏和衍生生态破坏，以减少既有固碳能力的损失；二是多系统耦合、协作和配合，通过积极恢复生态、构建连续且互联的沿线生态廊道和异地固碳补偿等途径，实现铁路固碳能力最大化。

第一节 铁路建设项目固碳能力损失

铁路建设项目固碳能力损失就是在其建设过程中，因线路建设、站场建设、弃渣场建设等过程产生的规划绿地占用、建设绿地破坏及工程机械使用、人为因素等造成的固碳能力损失及其带来的水土流失所致固碳能力损失。铁路建设项目不仅造成生态系统固碳服务功能的损失，还可破坏土壤的碳储存库和减少生物多样性。项目结束后的补植复绿等措施的滞后性也会进一步增加固碳能力的损失，影响整体碳效益。

一、固碳能力损失的表现形式

铁路项目建设包括线路、"四电"、站场及其他建筑物、构筑物的建造，这一过程会对生态系统造成一定的影响，包括土地利用变化、生物栖息地破坏、土壤侵蚀等，这些影响会直接或间接地影响生态系统的固碳能力。[1-4]铁路建设项目的固碳能力损失主要包括以下四个方面。

① 生态系统固碳服务功能的损失：生态系统具有固碳释氧、涵养水源等调节服务功能，对维护地球生态平衡具有重要意义。铁路项目的建设可能会改变原有的生态系统，如森林、湿地等。一旦生态系统被破坏，其固碳能力也会相应下降。

② 土壤途径固碳能力的损失：土壤是重要的碳储存库之一，通过造林、种草、封育等措施可以增加土壤的固碳能力。铁路项目的建设可能会对土壤造成破坏，如土壤侵蚀、压实等，从而影响土壤的固碳能力。

③ 生物多样性损失：生物多样性对于维持生态平衡和固碳能力至关重要。铁路建设项目可能会破坏生物多样性，包括林木、草地等。生物多样性的破坏会导致固碳能力的下降。

④ 补植复绿等措施的滞后性损失：铁路建设项目导致固碳能力损失。尽管后续可能会采取补植复绿、恢复生态等措施来修复受损的生态环境。但是，补种的树木为幼树，且补植复绿周期长，整体固碳能力较低，这在一定程度上造成了生态服务功能期间的固碳能力损失。此外，即使通过补植复绿来修复，由于补种的树木尚未成熟，其固碳能力相对较低，这也意味着在短期内固碳能力的损失难以完全恢复。

二、固碳能力损失主要方面

铁路建设过程中，主要以绿地占用和施工所致固碳能力损失为主。其中，线路建设、站场建设、弃渣场建设过程固碳能力损失较为严重，由线路建设、站场建设、弃渣场建设等导致的水土流失所致固碳能力损失也不容忽视。

1. 线路建设固碳能力损失

线路建设过程中需要大量的土方开挖、填筑和路基整治，这些活动会直接破坏土壤的自然状态，导致原有的土壤碳储量减少。

① 开挖和填筑工作会破坏土壤结构，使土壤中的有机碳释放到大气中，造成固碳能力的损失。

② 为了建设铁路线路，需要清除沿线的植被，这样会导致植物原本的固碳能力的减小和损失。

③ 建设过程中重型机械和设备的使用也会排放大量的二氧化碳，加剧了整体的碳损失。

2. 站场建设固碳能力损失

站场建设包括车站、维修车间和货场等设施的建设，这些活动同样会造成固碳能力的损失。

① 站场建设需要占用大量土地，原有的土地植被被破坏，植物原本的固碳能力

将减小或损失。

②站场建设中大量的土方工程会扰动土壤，使土壤中的固碳被释放。

③站场区域通常包括大量的硬化地面，这些地面相比于土壤地面不具备固碳功能，进一步加剧了固碳能力的损失。

3. 弃渣场占地所致固碳能力损失

弃渣场是指在铁路建设过程中产生的土石方弃渣存放场，这些场地的建立和运营也会导致固碳能力的损失。

①弃渣场占用了原本可用于植被生长的土地，降低了土地和植被的固碳能力。

②弃渣场可能导致周围土壤的退化，进而影响到其固碳能力。

4. 水土流失所致固碳能力损失

铁路建设可能引发水土流失，造成固碳能力的进一步损失。

① 建设过程中，特别是在坡度较大的地区，水土流失会导致大量表层土壤流失，从而减少土壤中的碳储量。

②水土流失通常伴随着植被的损失，这进一步降低了生态系统的固碳能力。

③如果未采取有效的水土保持措施，铁路建设区域可能会面临持续的水土流失问题，加剧固碳能力的损失。

总之，铁路项目在建设过程中会对固碳能力产生多方面的负面影响，降低整体碳效益。

三、固碳能力损失量

固碳能力损失主要体现在生态能力损失方面。生态能力损失主要包括耕地、林地、疏林地、灌木林地、园地、草地和水域（湿地）。根据第八次、第九次全国森林资源清查结果，结合有关文献数据进行修正，生态用地单位面积固碳量与释氧量如表 7-1 所示。[5]

以某铁路为例计算固碳能力损失，该铁路正线全长 204 千米，铁路主体及其附属设施征地面积 891.1313 公顷，施工过程中临时占用土地 302.7586 公顷（其中拌和站 3.5856 公顷，弃土场 214.3922 公顷，弃渣场 82.9129 公顷，取土场 1.8679 公顷）。临时占用土地中，耕地、园地、林地、草地共 244.8118 公顷。土地占用类型及面积见表 7-2。

表 7-1 生态用地单位面积固碳量、释氧量

单位：吨/（公顷·年）

生态用地类型	固碳量	释氧量	折算标准生态用地系数
耕地	6.83	18.20	0.75
林地	9.47	24.07	1.00
疏林地、灌木林地	4.93	13.14	0.52
园地	4.14	11.04	0.45
草地	3.44	9.18	0.37
水域（湿地）	4.50	12.00	0.49

表 7-2 某铁路占地类型及面积

单位：公顷

土地类型		面积		
一级地类	二级地类	临时用地	永久用地	小计
耕地	水田	112.3249	260.3822	372.7071
	旱地	92.8137	352.7313	445.5450
园地	果园	1.9859	21.7633	23.7492
	茶园	1.6926	12.0730	13.7656
	其他园地	0.0505	5.1582	5.2087
林地	有林地	28.8813	96.0088	124.8901
	灌木林地	2.3715	1.3028	3.6743
	其他林地	1.9843	20.6393	22.6236
草地	其他草地	2.7071	3.9718	6.6789

计算结果显示，该项目中耕地占用导致固碳能力损失为 6.2295 吨/（公顷·年），林地占用导致固碳能力损失为 1.2518 吨/（公顷·年），草地占用导致固碳能力损失为 0.0256 吨/（公顷·年），园地占用导致固碳能力损失为 0.1972 吨/（公顷·年），合计为 7.7041 吨/（公顷·年）。

由此可知，铁路项目在建设过程中对固碳能力影响较大，负面影响较为严重，应该给予足够的重视并采取应对策略。

第二节 铁路建设项目固碳能力降损机制

铁路建设项目固碳能力降损机制可从生态脆弱区环保选线、优化施工设计、优化排水系统设计、优化弃渣场选址、与其他交通设施共用通道等方面入手研究。通过这些措施，维持固碳能力保护与铁路项目建设之间的平衡，实现生态环境保护与可持续发展的双赢，维持生态系统的健康和稳定，保护和保持既有生态固碳能力。

一、基于固碳理念的生态脆弱区环保选线

在铁路项目规划和建设过程中，特别是在生态脆弱区，固碳理念的环保选线是实现环境保护和项目可持续发展的关键。铁路线路的选择应当优先考虑减少对天然植被的破坏，保护经行区域的固碳能力。具体而言，应优先选择对生态系统影响较小的区域，避免穿越森林、湿地和草原等固碳能力强的生态系统。尽可能利用现有的基础设施，如已有的道路或铁路，可以有效减少对自然植被的干扰，从而降低固碳能力的损失。

在选线过程中，落实"生态优先"理念，强化绿色环保选线选址。[6] 运用先进的环境影响评估技术和地理信息系统进行全面分析，可以帮助确定对生态环境影响最小的路线。通过综合评估不同路线对土壤、植被和生物栖息地的影响，选择对固碳功能损害最小的路径。这一过程还应结合环境监测数据和生态模型预测，确保所选择的线路能够最大限度地保留和维持生态系统的固碳能力。

保持生态完整性是选线策略中的另一个关键方面。建议在铁路两侧设置生态廊道，以维持物种的迁徙通道和生态系统的连通性。生态廊道可以作为生物走廊，帮助动物在铁路周边环境中自由迁徙，从而维持生态系统的稳定性和连贯性。在经过生态脆弱区时，设立保护区或缓冲区，可以有效减少对固碳功能的干扰和破坏，保护生态平衡。

量化固碳能力的损失是至关重要的。通过遥感技术和生态模型对不同区域的固碳能力进行评估，制定详细的固碳能力基线，并在此基础上预测铁路建设对固碳能力的具体影响。针对评估结果，制定相应的补偿措施，如在铁路项目附近或其他适宜区域进行大规模植树造林，恢复受损的生态系统，以弥补铁路建设带来的环境损失。这些措施可以显著提升区域的固碳能力，减少建设活动对生态环境的负面影响。

此外，优化铁路线路设计、提高能源效率也是降低环境影响的重要措施。通过

评估不同线路对列车运行能耗的影响,分析能耗与固碳保护之间的平衡点。采用高效能列车和新能源技术,能够在降低能耗的同时减少对环境的影响。在设计方案中应考虑节能措施和绿色技术的应用,以实现环境保护和资源利用的双重目标。

通过上述措施,铁路项目在生态脆弱区的选线和建设可以更好地平衡固碳能力保护与项目发展之间的关系,实现生态环境保护与可持续发展的双赢。这不仅有助于维护生态系统的健康和稳定,也为未来的铁路项目提供可持续发展的参考和借鉴。

二、基于固碳理念的施工优化设计

基于固碳理念的施工优化设计就是减少因施工通道设置、施工机械走行和施工人员活动等造成的对既有生态的不利影响,造成植被和土壤的破坏。施工过程应尽量保护生态和及时恢复固碳能力,从而降低对环境造成的负面影响。施工占用一般为临时占用,即在工程完成后应通过补植复绿等方式立即恢复原有生态,但是由于补植复绿一般为幼苗,其固碳能力较之既有生态弱,且补植复绿周期长,整体固碳能力较低,造成该生态区短时间内固碳能力的损失难以完全恢复。因此,应该尽量减少因施工通道设置、施工机械走行和施工人员活动等造成的固碳能力损失。

施工通道首先应该在设计阶段尽量使施工通道的布局最小化和线路最短化,同时尽量避免施工通道占用植被茂密区域,采用最短和最优路径减少对植被的影响。同时要兼顾整体项目需要,确保施工通道建成后能够应用于尽可能多的施工项目,避免新建施工通道。对于已经建成并投入使用的施工通道,要设置明确标识和监控措施,用于指示和监督施工活动,确保所有施工活动、物料运输等严格按照既定施工通道进行,避免对周边生态的进一步破坏。在施工结束后,应及时、有效地进行占用区域的生态恢复工作,修复土壤和重新种植植被,尽早恢复其固碳能力。

首选低影响、高效率、低能耗、轻便化的机械。尽量少选择燃油类机械,而是选择电力驱动类机械设备,以减少对土壤和植被的物理破坏,降低使用过程中的能源消耗和碳排放。对机械设备进行定期保养和检修,确保其良好的运行状态,提高其使用效率;还应及时发现问题、及时解决问题,避免无工作效率的机械消耗,避免机械故障造成的额外环境破坏。尽量减少机械的空转和非必要运转,通过规范操作和节能操作,提高其运行效率,减少故障率。

采用围栏和标识的方式明确施工人员活动范围,减少人为因素造成的对非施工区域的影响和干扰,对于野外植被区域,明令禁止随意踩踏和操作机械等进入。

加强施工现场生活垃圾和施工垃圾的管理，避免施工人员活动造成的垃圾对环境产生污染和影响。

三、基于固碳理念的排水系统设计

在铁路项目的排水系统设计中，固碳理念的应用旨在最大限度地减少对生态环境的影响，特别是在减少水土流失、避免植被破坏和保护土壤的固碳能力方面。设计排水系统时，应充分考虑到这些环境因素，通过优化系统布局和选择合适的材料来实现对环境的最小化干扰。

减少水土流失是排水系统设计中的关键目标之一。为了达到这一目标，排水系统应采用多级分流系统，从而有效降低单一排水管道的冲刷能力，从而减少对土壤的侵蚀。此外，排水设施的布置应避免集中排水，这样可以防止因强烈冲刷导致土壤流失。在设计中应优先选择不会对植被生长造成直接影响的区域，确保植物根系能够有效固定土壤。使用渗透性材料是一种有效的策略，例如透水混凝土可以铺设在路面上，使雨水能够渗透到土壤中，减少地表径流。渗透性路肩的设计同样有助于增加雨水的下渗，进一步减少对土壤的冲刷。此外，设置防护措施是必要的，在易受侵蚀的区域种植植物或使用草皮覆盖土壤，能够有效减少水土流失；在坡度较大的区域，设计护坡措施如植草和石砌护坡，能进一步减少水流对坡面的侵蚀，从而保护土壤结构。

避免植被破坏是另一个重要的设计考量。在设计排水系统时，应尽量避开重要的生态敏感区，以减少对植被和生态环境的干扰。优先保护现有植被，避免在植被丰富的区域进行大规模的排水设施建设是保护生态系统的一项关键措施。自然化排水系统的应用可以模拟自然水文过程，从而减少对植被的直接破坏。例如，生态沟渠的设计不仅可以实现排水功能，还可以通过结合植物种植来改善土壤和水质，进一步减少对植被的影响。

在排水系统建设过程中，还应尽量减少对土壤的扰动，避免使用重型机械设备，以防对土壤造成压实。使用轻型设备进行施工，以及避免在敏感区域作业。在施工后，对受损区域进行植被恢复和土壤改良也是必要的。种植适宜的植物可以提升土壤的固碳能力，而增加土壤中的有机质含量则有助于恢复其固碳功能。

排水系统的管理与维护同样不容忽视。定期检查排水系统的运行效果，确保系统不会引发新的水土流失问题，并保持植被和土壤的良好状态、及时修复受损区域能够保障固碳能力的持续性。制订综合的生态管理计划，确保排水系统与生态保

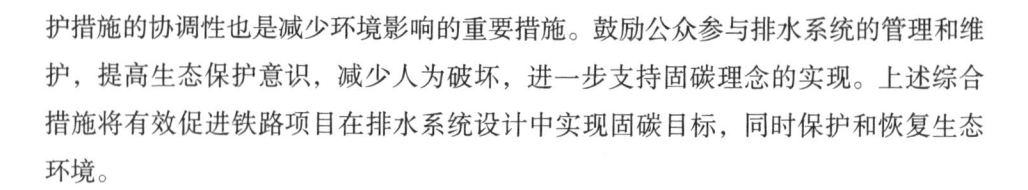

护措施的协调性也是减少环境影响的重要措施。鼓励公众参与排水系统的管理和维护，提高生态保护意识，减少人为破坏，进一步支持固碳理念的实现。上述综合措施将有效促进铁路项目在排水系统设计中实现固碳目标，同时保护和恢复生态环境。

四、废弃物资源化

在铁路项目的建设和维护过程中，大量的废弃物（如弃渣和弃土）如果能够有效资源化处理，将显著减少对环境的负面影响。在废弃物资源化过程中，应遵循科学合理的策略，以最大限度地减少绿地占用和固碳能力损失，确保铁路项目的可持续发展。

废弃物的资源化处理在铁路项目中至关重要，其中弃渣的资源化利用是关键环节。将弃渣进行破碎和筛分处理能够将其转化为适用于铁路工程的填料，如用作路基加固或填土。这种处理方法不仅减少了对天然资源的需求，还能有效降低环境污染。进一步加工弃渣成再生骨料，这些骨料可以用于生产混凝土和沥青混合料，从而减少对原材料的依赖，降低建设成本并提高资源利用效率。对于含有有机物的弃渣，堆肥化处理是一个有效的解决方案，通过将有机废物转化为肥料，将其用于土壤改良和植物生长，进而提高土壤的肥力和生态功能。处理后的弃渣还可用于填埋工程，如路基填充或堤坝建设，进一步实现资源的高效利用，减少自然环境的压力。

弃土的资源化处理同样至关重要。通过添加有机肥料和改良剂，弃土可以被改良成适合农业生产的良田，这不仅促进了土地的复垦，还减少了对自然绿地的占用。弃土还可以用于绿化工程，如公园和绿地的填充，通过恢复植被覆盖能够有效增加土壤的固碳能力。将弃土应用于生态修复项目中，有助于改良土壤、提高生态系统的功能和稳定性，从而支持生态环境的长期健康和可持续发展。

减少绿地占用是废弃物资源化处理中必须考虑的另一个重要方面。通过尽量在工程现场附近处理废弃物，可以显著减少运输过程中的环境影响和资源消耗。同时，实施废弃物分类和精细化管理有助于最大化资源的回收利用，确保资源化处理的高效性。研发新型建筑材料，如环保砖和再生混凝土，以及引入智能化管理系统，能够进一步提升废弃物资源化的效率和准确性，为废弃物的处理提供更先进的解决方案。

在减少固碳能力的损失方面，重点应放在保护和恢复土壤上。在处理和利用废弃土壤时应遵循最小扰动原则，避免破坏原有土壤的固碳功能。这一原则包括在土壤处理过程中尽量减少机械操作对土壤的压实和扰动。同时，实施生态补偿措施，如植被恢复和土壤改良，这不仅有助于增加碳汇，还能有效减少固碳能力的损失。通过上述综合措施，可以有效利用废弃物并减少环境影响，促进铁路项目的可持续发展，保障环境和资源的长期健康。

五、弃渣场选址优化

在铁路项目中，弃渣场的选址优化是关键环节，旨在减少对生态环境的影响，特别是对固碳能力的影响。选址时应优先避开良田和草地，选择非耕作土地如贫瘠地、荒地或工业用地，这不仅可以避免占用高质量的农田和草地，还能减少对自然环境的影响。此外，应尽量避免在生态敏感区域如湿地、森林或保护区设立弃渣场，将对重要生态系统的干扰降至最小。

在选择贫瘠地作为弃渣场时，应重点考虑土地的土壤质量较差、固碳能力低的区域，这样能够有效减少对具有较高生态价值土地的占用。在这种情况下，即便是在贫瘠地设立弃渣场，也可以通过后期的土壤改良工作来提升土地的生产能力和生态功能。改良措施包括施加有机肥料、改善土壤结构等，以增加土地的营养含量和持水能力，从而促进生态恢复。在临时弃渣场的使用中，应使其使用时间尽量缩短，避免长期占用优质的农田或草地，并在工程结束后尽快进行土地恢复和生态修复，以恢复土壤的固碳能力和生态功能，减少对环境的长期影响。

环境影响评估在选址优化中扮演着重要角色。通过全面评估潜在弃渣场对土壤、植被和水资源的影响，可以选择对固碳能力影响最小的场地。利用地理信息系统进行空间分析，能够精确识别最合适的弃渣场位置，并结合生态敏感性分析，避免对生态系统造成不可逆的损害。通过综合评估，确保选择的弃渣场能最大限度地减少对环境的干扰。

在废弃物管理方面，应合理配置废弃物，避免在同一地区集中大量废弃物，以减少对土壤和植被的冲击。分阶段建设弃渣场并逐步填充，不仅可以减少对环境的即时影响，还能降低长期管理的难度。同时，定期监测弃渣场周围的环境状况，确保管理措施的有效性，防止发生二次污染。在填充完成后，必须进行恢复工作，包括植被种植和土壤改良，以提升土地的固碳能力并恢复其生态功能。

最后，土地恢复与利用是关键环节之一。通过植被恢复和土壤改良，能够显著提高土地的固碳能力，并为恢复后的弃渣场寻找合适的用途。将恢复后的弃渣场用于农业生产、绿化或其他功能性用途，不仅能最大化其利用价值，还能实现环境质量的提升。考虑将弃渣场转变为生态功能区，如湿地公园或生态保护区，这样不仅可以提高土地的生态价值，还能促进生态环境保护与资源利用的双赢。通过这些综合措施，铁路项目中的弃渣场可以有效地融入环境保护和资源管理的框架中，促进可持续发展。

六、与其他交通设施共用通道

在铁路项目中，与其他交通设施共用通道是一种有效的策略，能够显著减少土地占用、降低环境影响，并节约资源。实现这一目标的关键在于综合规划和设计，以确保不同交通模式的协调和高效运行。在规划阶段，必须进行多模式交通规划，优化空间布局，以最大限度地减少设施间的相互干扰，同时确保各类交通设施的功能性和效率。综合规划不仅涉及交通设施的空间配置，还需要对交通流量、乘客需求以及环境影响进行详细分析，从而制定出最优的共用通道布局方案。

共用通道的设计需要特别关注结构的兼容性。例如，可以采用多层结构，如高架铁路与地面道路的组合，这样可以将不同的交通模式分层布置，避免相互干扰。另一个有效的设计方法是在城市和环境敏感区使用隧道技术，将铁路与其他交通设施置于地下，不仅可减少对地面的干扰，还可降低对环境的影响。在设计过程中还应充分考虑噪声和振动对周围环境的影响，设置隔音设施和减振技术，确保交通设施在运行时能控制噪声和振动，提供一个安全舒适的交通环境。

为了减少环境影响，共用通道应优先选择对生态影响最小的区域，避免占用重要的生态保护区和居民区。通过共享土地，能够减少新占用面积，从而减少对自然环境的破坏。在建设过程中，对涉及的区域进行必要的生态修复也是至关重要的，包括保护土壤和植被，恢复固碳能力。在共用通道中采用节能技术，如节能灯光和太阳能发电，进一步减少碳排放。

在管理方面，建立跨部门协调机制是确保铁路、公路及其他交通设施的运营和维护协调一致的关键。该机制能够促进不同部门之间的沟通与合作，解决在共用通道运营中可能出现的各种问题。同时，实施联合监控系统，能够实时监测交通流量和设施运行状态，及时处理可能出现的问题，确保交通系统的高效运行。为了提升用户体验，应优化服务，提供便捷的换乘服务，并定期维护和修复共用通道设施，以保持其良好的运行状态和安全性。

通过上述综合措施，可以实现多种交通模式的有效融合，最大限度地减少环境影响，整体提升交通系统的效率和可持续性。在此过程中，综合规划、结构设计、环境保护、管理协调和技术应用等各方面的配合，将共同推动铁路项目与其他交通设施的和谐共存，为可持续交通系统的建设提供有力支持。

第三节 铁路建设项目固碳能力补偿

铁路建设项目固碳能力补偿，是指针对已经损失的固碳能力，通过采取原地固碳补偿、沿线生态廊道固碳补偿和异地固碳补偿等方式，[7-23] 减少既有固碳能力损失造成的对生态和环境的负面影响，实现生态环境的有效修复和固碳能力的提升。

一、原地固碳补偿

在铁路项目建设过程中，在原地通过一系列固碳补偿措施，以减少对环境的负面影响，并有效恢复土地的生态功能。

对于弃渣场的处理，填充后的弃渣场需要经过彻底的土壤改良，这涉及添加有机肥料和土壤改良剂，以恢复其原有的耕作能力。这种改良措施不仅帮助土壤恢复其自然状态，还为后续的植被恢复提供了良好的基础。通过种植适应性强的本地植物，如草种、灌木和树木，可以逐步恢复弃渣场的自然植被，不仅促进生态环境的恢复，还显著提高土壤的固碳能力，为环境带来长远的积极影响。

林地再造是提升固碳能力的有效手段，通过选择适宜的树种进行植树造林能够建立新的森林生态系统，显著增加碳汇。植树造林不仅对固碳具有直接效果，还能改善区域的生态环境，支持生物多样性。草地再造也同样重要。选择适合的草种进行播种，可以恢复草地生态系统，这不仅可提升土壤的固碳能力，还可增强生态稳定性，为整个生态系统的健康和稳定打下坚实基础。

对于工程临时设施的恢复与优化改造，必须对临时施工区域进行全面清理和土壤改良，以恢复其耕地功能。通过种植农业作物增加土壤中的有机质含量，可以进一步提升土壤的固碳能力。对于临时使用的林地，恢复植树并开展生态修复工程是重建森林覆盖和完整生态系统的关键措施。同时，临时施工区域的草地也需要进行恢复，通过种植适宜的草种并设置保护措施，可以防止新种草地被破坏，确保草地生态系统的稳定恢复。

在新建铁路站区，绿化建设是原地固碳补偿策略的重要组成部分。通过广泛植树和设置绿化带，结合生态景观设计如生态花园和湿地公园，不仅增加绿化面积，还可显著提升固碳能力。此外，屋顶和立面的绿化同样关键。可以在站房屋顶种植草坪或花卉，并对站房外立面进行绿化，不仅可以减少城市热岛效应，还能进一步提高固碳能力，为整体环境增添绿意。

对于既有铁路和物流园区的绿化改造来说，增加绿化面积、种植树木、花卉和草坪不仅可提升整体固碳能力，还可改善园区的生态环境和美观度。设置绿色隔离带、风障和防尘带能有效减少噪声和风沙对环境的影响。同时，应利用雨水收集系统和高效灌溉系统来支持绿化区域植物的生长，进一步增强固碳能力。通过以上综合措施，铁路项目的原地固碳补偿策略不仅能减轻对环境的影响，还可显著提升土地的生态功能和固碳能力。

二、沿线生态廊道固碳补偿

在铁路项目中，沿线生态廊道不仅是景观美化的亮点，更在固碳补偿中扮演着至关重要的角色。生态廊道通过绿带布局，串联起现有的自然保护区、森林、公园和湿地等，构建一个连续而互联的生态网络。这种布局不仅能够提高生物的迁徙和生态交流能力，还能促进生态系统的整体性与连通性。在设计过程中，确保绿带的宽度和连通性至关重要，以支持动物的自由迁徙和生态互动。同时，结合花卉、树木、水体和景观小品等元素进行景观设计，既美化环境，又提供固碳、降温、调节水分和净化空气等多重生态功能，为周围环境带来显著的生态效益。

植被配置方面，选择本地植物以及多样化的乔木、灌木和草本植物，不仅能提升生态系统的稳定性，还能有效增加固碳能力。设计时还应考虑不同生态条件下的植物群落，如湿地植物群落和森林植被群落，以适应沿线的多样生态环境。植物群落能够进一步增强生态廊道的生态服务功能，如提高土壤的固碳能力和水分保持能力，支持生物多样性，并改善周围环境的生态质量。

在生态廊道的建设过程中，土地平整和土壤改良是基础步骤，为植物的生长创造良好的条件。选择本地物种进行植被种植以确保植物的适应性和稳定性是成功恢复生态环境的关键。同时，定期维护和生态监测对于保障绿廊的健康和功能至关重要，包括清理杂草、修剪植物、检查灌溉系统等，定期调整管理措施以优化固碳效果。通过增加植物的覆盖率，选择生长快速且固碳效果显著的植物品种并改良土壤，使生态廊道的固碳能力得到显著提升。

生态廊道还为野生动植物提供了多样化的栖息环境，并通过雨水收集和渗透系统减少地表径流和土壤侵蚀，进一步增强生态系统的功能和稳定性。在社会参与和公众教育方面，鼓励社区参与生态廊道的设计和维护工作，通过组织志愿者活动和开展生态教育，能够提升公众对生态廊道固碳能力的认识和支持。展示和宣传活动则帮助增强公众对生态廊道重要性的理解，进一步推动其对生态廊道的保护和改善。

政策和法规支持也是确保铁路生态廊道成功实施的重要保障。应制定相应的政策和法规，提供财政补贴、税收优惠等激励措施，以鼓励各方参与生态廊道的设计、建设和维护。同时，将生态廊道纳入城市和区域的综合规划中，与其他绿色基础设施和交通系统协调发展，能够确保其管理和维护的有效实施。通过以上综合措施，共同促进生态廊道在固碳补偿中的关键作用，显著提升生态系统的健康和稳定性，为可持续发展做出重要贡献。

三、异地固碳补偿

异地固碳补偿是一种在生态建设和开发过程中，通过在其他区域进行生态恢复和绿化，以弥补原地固碳能力损失的策略。这种补偿机制旨在平衡开发活动对环境的影响，并提升整体生态系统的固碳能力。其核心理念包括"替代原则"和"等效补偿"。替代原则要求在生态敏感区域或高固碳能力区域建设铁路时，必须在其他区域进行补偿，以弥补原有生态功能的损失。等效补偿则确保补偿区域具备与原地相同或更高的固碳能力，从而达到实际的生态补偿效果。

选择适宜的补偿区域至关重要。常见的补偿区域包括贫瘠山地、荒漠区以及其他退化或未充分利用的土地。在贫瘠山地，通过系统的土壤改良和植树造林来提升固碳能力是主要措施，具体方法包括增加有机肥料和土壤改良剂，以改善土壤结构使其适合植被生长，从而恢复和增强土壤的固碳能力。在荒漠区，实施沙漠化治理和植被恢复措施至关重要，包括水土保持、植树造林及恢复天然植被，以增加植被覆盖度并显著提高固碳能力。其他适宜区域，如城市绿地和退化农田，也可以通过生态恢复和绿化来恢复其固碳功能和生态价值。

补偿项目的设计需要综合考虑生态系统恢复和固碳效果评估。生态系统恢复包括选择适应当地环境的植物进行种植，以逐步恢复原生植被并提升固碳能力。此外，还应实施生态工程，如构建湿地、修复受损河流、建立生态保护带等，以增强生态系统的整体功能和稳定性。固碳效果评估则涉及在补偿区域进行基线调查，以评估现有的生态条件和固碳能力，并预测补偿措施实施后的固碳效果。通过评估帮助制定明确的目标和指标，确保补偿措施能够有效地实现固碳目标。

项目的实施和管理同样需要精细化操作。在实施阶段，制订详细的项目计划，包括任务分工、时间进度和预算安排，以确保项目按计划顺利推进。在施工管理中，应严格按照规划执行，确保补偿项目的质量和效果。在长期维护方面，建立监测系统是确保项目持续有效的关键。定期评估项目实施效果和生态变化，并根据监测结果调整和优化补偿措施，以保证项目能够长期达到预期的效果。

社会参与和公众沟通在异地固碳补偿中也具有重要作用。通过鼓励地方社区参与项目规划和实施，能够充分利用当地的资源，提高项目的可行性和接受度。组织志愿者参与植树、绿化和生态恢复活动，不仅提升了公众对固碳补偿项目的认知和支持，还增强了社区的参与感。信息公开和教育宣传则能增强项目的透明度和社会信任，提升公众对固碳补偿和环境保护的整体意识。

政策和法规支持是确保异地固碳补偿顺利实施的关键。政府应制定明确的补偿政策，规定异地补偿的要求、标准和程序，并提供财政和技术支持。通过设立激励机制，如税收优惠和补贴，鼓励企业和组织积极参与固碳补偿项目。此外，确保相关法规和政策的有效执行也是必要的。进行项目审批和监督，建立质量控制和验收机制，以确保补偿项目的质量和效果符合规定要求，这也是保障补偿效果的关键措施。

综上所述，通过科学的区域选择、合理的项目设计和实施、积极的社会参与以及政策法规的支持，能够实现生态环境的有效修复和固碳能力的提升。这一策略不仅可弥补铁路建设活动对生态系统造成的负面影响，还可促进生态系统的长期健康和可持续发展，为应对气候变化和推动绿色发展做出积极贡献。

参考文献

[1] 修高群, 晁叶. 考虑电网端碳排放的城市交通碳排放核算方法[J]. 城市交通, 2024(6).

[2] 郎明翰, 张日升, 凡胜豪, 等. 科尔沁沙地南缘樟子松人工林碳汇及对气候因子的响应[J]. 水土保持学报, 2024, 38(4): 236-245.

[3] 杨安, 曹爱平, 冯顺柏, 等. 湖北省人工林现状及变化动态分析[J]. 湖北林业科技, 2024, 53(2): 62-66+74.

[4] 岳军伟, 李华源. 我国天然林和人工林固碳特征差异分析[J]. 福建林业科技, 2021, 48(4): 1-7.

[5] 贾刚, 李大瑞, 孔翠霞, 等. 2025年京津冀陆地生态系统碳氧平衡分析[J]. 环境工程技术学报, 2024, 14(1): 1-7.

[6] 卢春房. 铁路低碳发展导论[M]. 北京: 中国科学技术出版社, 2023.

[7] 李畅, 任云卯, 刘嘉幸, 等. 油松主要分布区林分碳储量特征与固碳潜力[J]. 东北林业大学学报, 2024, 52(6): 85-91.

[8] 那雪迎. 中国森林碳储量变化及固碳潜力的研究[J]. 现代园艺, 2024, 47(15): 59-63.

[9] 吴炳伦, 成明, 全思湘, 等. 长株潭城市群生态绿心地区森林生态系统碳储量评估分析[J]. 西北林学院学报, 2024(4).

[10] 冯悦, 岳永杰, 赵鹏武. 碳中和愿景下森林碳储量核算及固碳潜力评价研究进展[J]. 内蒙古农业大学学报(自然科学版), 2024, 45(2): 93-100.

[11] 刘世荣, 王晖, 李海奎, 等. 碳中和目标下中国森林碳储量、碳汇变化预估与潜力提升途径[J]. 林业科学, 2024, 60(4): 157-172.

[12] 曾赞青, 宋涵晴, 高俊宏, 等. 北京市森林植被固碳与能源碳排放时空变化及潜力预测[J]. 林业科学, 2023, 59(12): 51-60.

[13] 刘晓曼, 王超, 高吉喜, 等. 服务双碳目标的中国人工林生态系统碳增汇途径[J]. 生态学报, 2023, 43(14): 5662-5673.

[14] 吴普侠, 汪晓珍, 吴建召, 等. 中国退耕还林工程固碳现状及固碳潜力估算[J]. 水土保持学报, 2022, 36(4): 342-349.

[15] 王大卫, 沈文星. 中国主要树种人工乔木林碳储量测算及固碳潜力分析[J]. 南京林业大学学报(自然科学版), 2022, 46(5): 11-19.

[16] 周志峰, 王耀, 贾刚, 等. 河北省乔木林碳储量现状与固碳潜力预测[J]. 林业资源管理, 2022(2): 45-53.

[17] 李海奎. 碳中和愿景下森林碳汇评估方法和固碳潜力预估研究进展[J]. 中国地质调查, 2021, 8(4): 79-86.

[18] 尹晶萍, 张煜星, 付尧, 等. 中国碳排放与森林植被碳吸收潜力研究[J]. 林业资源管理, 2021(3): 53-61.

[19] 李元强, 何敏增, 蒋恒洁, 等. 桂西北岩溶区苏木人工林生物量及碳储量[J]. 福建林业科技, 2020, 47(4): 22-25+66.

[20] 吴隽宇, 张一蕾, 江伟康. 粤港澳大湾区生态系统碳储量时空演变[J]. 风景园林, 2020, 27(10): 57-63.

[21] 翟国庆, 韩明钊, 李永江, 等. 黑土坡耕地有机碳变化及固碳潜力分析[J]. 生态学报, 2020, 40(16): 5751-5760.

[22] 冯源, 肖文发, 朱建华, 等. 造林对区域森林生态系统碳储量和固碳速率的影响[J]. 生态与农村环境学报, 2020, 36(3): 281-290.

[23] 茶枝义. 云南省针叶林碳储量及固碳潜力分析[J]. 西部林业科学, 2019, 48(4): 7-12.

第八章 铁路绿色发展的政策保障

铁路绿色发展的政策保障研究的目的就是针对铁路运输企业和重点工矿企业，研究建立以国家和地方政府资金为引导、企业资金为主体的绿色交通发展建设投入机制。通过政策引导、支持和补贴等促进高能耗铁路企业转型升级，带动其进行低碳技术研究，促进重点工矿企业专用线建设和重点物资运输实现"公转铁"。本章以政策创新、管理创新和技术创新为关键着力点，提出绿色铁路创新研发构想，以期为铁路低碳、绿色发展提供参考。

第一节 铁路运输企业减碳政策保障

针对所有运输企业，通过开展运输碳排放评估考核，确定企业碳排放现状；同时通过市场机制等，建立和完善以碳交易、碳配额等为基础的综合交通碳排放交易体系；根据评估考核结果确定的减碳达标的铁路运输企业，提出针对铁路运输企业本身的金融和低碳技术研究等支持政策；提出针对金融机构的信贷等支持方式，以政策促发展，倒逼高耗能铁路运输装备加快转型升级等，满足铁路向绿色发展的总体趋势，为制定有效的减排策略提供有力支持。

一、综合交通运输碳排放评估策略

1. 交通运输碳排放评估考核制度现状及建议

交通运输碳排放评估考核制度就是针对交通运输企业在节能减排方面的表现提出和制定的一种评估和考核机制。这一制度主要关注企业在节能管理、碳排放控制等方面的实践和成效，通过制定具体的评价方法和标准，对企业的能源消耗和碳排放进行监测、报告和核查，从而促进企业提高能源利用效率，减少碳排放，实现绿色发展。

（1）现状

在政策框架与法规体系层面，政府方面制定了一系列减碳方面的政策，主要涉及碳排放权交易、碳排放报告和核查等。针对交通运输领域，实施了《绿色交通"十四五"发展规划》等，旨在减少交通运输部门的碳排放。数据收集与评估机制方面，国家和地方政府、科研机构及企业共同参与交通运输碳排放数据的收集与分析，交通运输部及生态环境部负责制定标准，并进行燃料消耗量、里程、流量等数据监测和评估。数据收集与评估完成后进行碳排放核查与报告出具工作，碳排放核查主要由第三方机构完成，依据国家标准对交通运输企业进行定期核查，企业须按照规定向政府提交碳排放报告。管理绩效激励制度和运输企业能效领跑者激励机制可通过政府的财政补贴、税收优惠等措施激励企业提高能源利用率、采取绿色技术和节能减碳措施并减少碳排放，形成行业内的良性竞争和合作氛围。任福民[1]等提出了一种铁路碳排放测算方法，并通过弹性系数量化铁路系统碳排放的作用效应，杨洋[2]等提出了一种交通运输业碳足迹测算方法，并对其交互作用进行了评估。

（2）建议

针对目前交通运输碳排放评估考核制度现状及应用，提出以下发展建议：

第一，完善数据标准与收集方法，统一碳排放数据标准和计算方法，确保不同地区和企业间数据的可比性；增强实时数据监控能力，利用物联网、大数据技术提高数据收集的准确性和及时性。

第二，强化评估与核查机制，[3]提升第三方核查机构的能力和公信力，确保碳排放核查结果的客观性和准确性；建立更为细化和全面的评估体系，提高覆盖全面性。

第三，完善企业评估考核制度，建立和完善运输服务领域能耗和碳排放监测、报告和核查体系；通过建立完善的监测和报告体系，实时掌握企业的能源消耗和碳排放情况，为评估考核提供数据支持。

第四，推动技术创新与绿色交通发展，加大对绿电、智能交通系统等领域的研发投入，推动技术进步；制定更具针对性的激励政策，鼓励企业采用先进的节能减排技术。

第五，建立健全跨部门协调机制，强化交通运输部门、环保部门和能源部门之间的协作，形成综合治理的合力；推动各级政府在政策制定和执行中的协调配合，确保政策的有效实施。

2. 综合交通碳排放交易体系

碳排放交易是指通过市场机制，为碳排放设置总量控制和交易机制。企业或行业被分配一定的碳排放配额，可以在达到或低于配额的情况下出售剩余的配额，也可以购买额外的配额以满足自己的排放需求。综合交通碳排放交易体系就是专门针对交通运输部门的碳排放进行的旨在通过经济激励措施促进交通运输领域减排的市场交易体系。[3] 综合交通碳排放交易体系结构包括碳排放配额分配、市场交易、监测与报告、合规与惩罚。

目前，中国在一些地区和城市进行了碳排放交易的试点，主要集中在工业和能源领域，交通运输领域的碳排放交易体系尚在探索阶段。国家层面出台了《碳排放权交易管理暂行条例》，为碳排放交易提供了法律框架。地方政府也在探索交通领域的碳排放交易试点，如设立碳排放限额、进行配额分配等。碳排放交易体系当前主要依赖于传统的数据收集和报告机制，数据的实时监控和分析能力有待提高，智能交通系统与节能减碳技术的发展为碳排放交易体系提供了技术支持。

综合交通碳排放交易体系的研究方向主要集中在扩大平台、完善制度、数据准确、技术支持与加强协作等方面：

① 扩大平台：就是建立全面的碳排放交易平台，在试点成功的基础上逐步推广至全国范围，形成统一的碳排放交易市场，同时设立不同层次的市场机制，如区域市场和国家市场等，方便不同规模和类型的企业参与交易。

② 完善制度：就是完善配额分配与管理，通过科学配额分配和动态调整机制等制定符合交通运输部门实际排放情况和减排潜力的合理配额分配方案，避免过度宽松或严格；根据市场情况和实际减排效果动态调整配额分配策略，确保市场的稳定性和有效性。

③ 数据准确：要求引入先进的传感技术和数据分析工具，实现碳排放的实时监测和数据分析，同时增强市场的透明度，公开排放数据和交易信息，增加公众和企业的信任。

④ 技术支持：就是对参与碳排放交易的企业提供技术研发和应用的资金支持，推动低碳技术的普及，设计激励机制，如碳市场补贴、绿色金融支持等，鼓励企业积极参与减排。

⑤ 加强协作：主要是指加强交通运输部门、环保部门、能源部门的协作，确保碳排放交易体系的顺利实施。

3.铁路运输企业碳排放评估的指标体系、方法、方案

（1）指标体系

碳排放评估的指标体系主要包括总体碳排放量、人均碳排放量、产业部门碳排放量、碳排放强度以及温室气体强化指数。

总体碳排放量衡量一个国家或地区的总体碳排放量，通常以单位时间内的碳排放量为衡量指标。该指标反映了一个国家或地区在特定时间内的总体碳排放水平，是评估其碳排放状况的基础数据。

人均碳排放量衡量一个国家或地区的人均碳排放量，通常以单位时间内的碳排放量除以人口数为衡量指标。该指标反映了每个人平均承担的碳排放量，有助于比较不同国家或地区在人口因素考虑下的碳排放水平。

产业部门碳排放量衡量某个产业部门的碳排放量，通常以单位时间内该部门的碳排放量为指标。该指标有助于识别高碳排放产业，为制定针对性的减排政策提供依据。

碳排放强度衡量一个地区或组织在经济发展过程中单位经济活动所产生的碳排放量。该指标反映了经济活动与碳排放之间的关联程度，是评估低碳化转型效果的重要指标。

温室气体强化指数衡量某个特定活动或产品的温室气体排放强度，通常以单位活动或产品的温室气体排放量为指标。

通过建立和采用铁路运输企业碳排放评估的指标体系，可以对碳排放情况进行监测、评估和比较，为制定和实施减排政策和措施提供科学依据。

（2）方法

铁路运输企业碳排放评估的方法主要涉及耐久性及劣化系数的确定，以及基于实际运行或产品技术分析的碳排放核算。

铁路内燃机车和电力机车耐久性及劣化系数的确定是评估铁路运输企业碳排放的关键步骤。耐久性主要依据我国铁路内燃机车、电力机车的运行特点及维修规程确定。针对劣化系数，可基于先前的测试数据通过工程分析得到，或通过实际排放测试，或基于良好工程判断借用其他已认证的排放劣化系数确定。

此外，对于铁路运输企业的碳排放评估，还需要考虑燃料的使用和排放因子的获取。燃料的单位热值含碳量及碳氧化率参考各类指南的固定值，使用时比较统一，但忽略了不同燃烧条件带来的碳排放变化。基于"自下而上"法的碳排放核算

方法包括基于试验测试获取碳排放因子的碳排放核算方法，这种方法在活动数据和排放因子的获取上有更多渠道和来源。[4]

综上所述，铁路运输企业碳排放评估的方法包括确定耐久性及劣化系数，以及基于实际运行或产品技术分析的碳排放核算，同时考虑燃料的使用和排放因子的获取，以确保评估的准确性和有效性。

（3）方案

碳排放评估方案是一个综合性的系统，旨在全面了解和评估特定区域、组织或项目的碳排放情况，并为制定减排策略提供依据。碳排放评估方案的基本框架和关键步骤包括评估目标设定、数据收集与整理、评估方法选择、评估实施、报告编制与发布、后续行动与跟踪。碳排放评估方案是一个涉及多个环节和步骤的综合性系统。通过科学、合理的评估方法和严格的实施流程，可以全面了解和评估特定区域、组织或项目的碳排放情况，并为制定有效的减排策略提供有力支持。

二、铁路运输企业转型升级的政策支持策略

1. 高能耗铁路运输企业转型升级的必要性

高能耗铁路运输企业转型升级，特别是从高能耗向绿色发展的转型是应对气候变化、驱动经济与社会发展、推动政策与法规、促进技术与市场进步、实现可持续发展的关键举措。

①全球气候变化与环境保护的要求。温室气体排放增加、全球气温上升，导致极端天气事件频发、海平面上升等问题。[5]铁路运输作为重要的交通运输方式，因其基数大、分布广、能耗高的特点，其碳排放量直接影响气候变化。作为重要的运输行业，铁路需要履行减少碳排放的承诺。

高能耗铁路通常使用内燃机车，产生大量的废气污染，影响空气质量。转型为绿色运输可减少空气污染物的排放，改善城市和区域的空气质量。绿色铁路运输将减少对自然资源的依赖、减少对生态系统的破坏、促进环境的可持续性。

②经济与社会发展的驱动。绿色铁路技术，如使用电力机车、升级节能型设备等可以显著降低能源消耗、降低运营成本、减少碳排放。此外，绿色铁路技术的采用促进铁路运输企业技术创新，增强企业的市场竞争力，推动企业的长远发展，还能够提升企业的公众形象和品牌价值，增强社会认可度和市场吸引力。高能耗铁路运输企业转型升级符合企业履行社会责任的要求，展示企业在环境保护方面的

承诺。

③政策与法规的推动。各国政府通常会对绿色交通运输采取财政补贴、税收减免等激励措施，高能耗铁路企业转型升级可以享受这些政策支持，降低转型成本。碳排放限额、排放标准等法规相继出台，铁路企业必须遵守这些法规，通过绿色转型实现合规。碳排放交易市场使高能耗企业可能面临较高的碳排放成本，转型为绿色企业可以降低排放成本，减少财务负担。

④技术进步与市场需求。绿色铁路运输优化了能源和资源的利用，减少了对不可再生资源的依赖，有助于长期的可持续发展。

总的来说，高能耗铁路运输企业的转型升级不仅是应对环境保护和气候变化的必然要求，也是实现经济效益、社会责任和技术进步的战略举措。全球交通运输行业正朝着绿色低碳方向发展。铁路运输作为重要的交通方式，必须适应这一发展趋势，确保在未来竞争中的优势地位。这种转型不仅有助于改善企业的长期发展前景，也为推动绿色交通体系的建立和可持续发展做出了积极贡献。

2. 政府对低碳铁路运输企业的金融支持

政府对低碳铁路运输企业的金融支持主要涉及财政补贴与资助、税收优惠政策、绿色金融工具、金融创新与激励、碳交易市场支持、项目补助与奖励等。[3]

财政补贴与资助主要是指政府可以为铁路企业实施低碳技术项目（如电力机车的采用、节能减碳改造）的相关费用提供补贴，减少企业的资金压力；提供研发资金，支持铁路企业在绿色技术、节能设备等领域的技术创新和开发。

税收优惠政策包括直接的税收减免和间接的碳税抵免。税收减免就是对于投资绿色项目的铁路企业，政府可以提供税收减免政策，如减免增值税、企业所得税等，降低企业的税负。碳税抵免就是对于减少碳排放的企业，政府可以允许一定程度的碳税抵免，鼓励企业减少排放。

绿色金融工具包括绿色债券、绿色信贷和绿色保险。绿色债券是指政府支持或推动铁路企业发行绿色债券，将享有较低利率的绿色债券用于融资绿色铁路项目。绿色信贷是指政府可以与金融机构合作，通过提供绿色信贷产品和制定优惠的贷款条件，支持绿色铁路项目的资金需求。绿色保险是指为绿色铁路项目提供保险保障，降低项目风险。

金融创新与激励是政府通过设立风险补偿基金，为绿色铁路项目的金融风险提供一定的补偿，吸引更多的铁路企业转型升级；或者通过公私合营模式，政府与铁路运输企业共同投资和运营绿色项目，分担风险并共享收益。

碳交易市场支持就是在碳排放交易市场中提供特别的配额或奖励，鼓励绿色铁路项目的实施；同时设立碳交易基金，将交易收入用于支持铁路企业的低碳转型项目。

项目补助与奖励就是对于在低碳转型中表现突出的铁路运输企业提供奖励资金或其他形式的财政支持，激励更多铁路运输企业参与绿色转型。对于成功实施绿色项目的铁路运输企业给予政府颁发的荣誉或认证，提升铁路运输企业的市场声誉和品牌价值。

运用政府金融杠杆，通过精准扶持与差异化支持、强化政策协调与沟通、监测与评估机制、加强市场化运作、促进经验借鉴等方式，激励铁路转型升级为低碳运输企业。精准扶持与差异化支持就是根据不同企业的规模、发展阶段和实际需求，制定差异化的金融支持政策，确保政策的针对性和有效性。优先支持具有较高减排潜力和技术创新能力的企业，确保有限的资源用于最需要的地方。强化政策协调与沟通就是加强政府部门之间的协调合作，确保金融支持政策与环保、交通等其他政策的一致性和协同效应。确保政策信息的透明发布和有效沟通，帮助企业了解政策细节和申请流程，减少不确定性。监测与评估机制就是建立对金融支持效果的监测和评估机制，定期评估政策实施效果，确保资金使用的效率和透明度。根据评估结果及时调整政策，优化金融支持措施，以适应新的挑战和需求。加强市场化运作就是鼓励金融机构与铁路企业合作，设计创新的金融产品和服务，推动绿色金融市场的发展。通过金融市场机制激励更多私人投资进入绿色铁路领域，形成多元化的资金来源。促进经验借鉴就是借鉴成功的绿色金融政策和实践经验，结合铁路运输企业实际情况进行政策设计，与其他行业（例如发电企业）共同推动绿色铁路项目的技术进步。

3. 政府对于金融机构支持铁路运输企业信贷的策略

铁路运输企业不仅是一个经济实体，直接从事铁路运输生产经营活动，而且具有公益性质。这种双重性质体现在铁路运输企业运营中，不仅要考虑经济效益，还要承担一定的社会责任，特别是在公益性运输方面发挥着重要作用。基于此，铁路运输企业盈利有限的基本现状决定了其在金融方面的相对劣势。因此，铁路运输企业绿色转型升级亟须政府对于金融机构的支持来促进金融机构进入铁路运输企业甚至倾向铁路运输企业。

① 政策支持与激励措施。设立风险补偿基金，为金融机构在支持铁路企业绿色转型项目时提供风险保障，通过分担部分风险，降低金融机构的投资顾虑；提供优惠贷款利率或部分利息补贴，降低铁路企业融资成本，提升金融机构的投资吸引力；对提供绿色信贷的金融机构给予税收减免，减轻其税负，从而激励其增加对铁路企业绿色转型项目的信贷支持；对金融机构投资于低碳铁路项目的部分资金允许进行税收抵免，增加其投资回报；为铁路企业的绿色项目贷款提供担保，确保金融机构在贷款发生违约时能够得到补偿，从而减少金融机构的风险；设立专项担保基金，专门用于支持绿色铁路项目的融资担保，提高金融机构的参与意愿。

② 鼓励绿色金融产品和服务。政府推动和支持铁路企业发行绿色债券，通过绿色债券融资为低碳转型项目提供资金；设立专门的绿色信贷产品，为铁路企业的绿色项目提供低息贷款或贷款额度支持；鼓励金融机构开发创新的绿色金融产品，如绿色租赁、绿色保险等，以满足铁路企业在绿色转型过程中的多样化资金需求；建立金融机构与铁路企业的对接平台，促进绿色融资项目的信息共享和资源对接，提升资金的使用效率。

③ 政策法规与监管。制定明确的绿色金融政策，引导金融机构优先支持绿色铁路项目，明确绿色项目的评估标准和信贷条件；建立绿色项目认定机制，对符合绿色标准的铁路项目进行认证，并给予金融机构相应的政策支持和奖励；加强对金融机构绿色信贷的监管，确保资金用于实际的绿色项目，并对其效果进行评估和反馈；设立绿色金融政策的评估体系。

④ 金融机构支持模式。政府通过政策支持和资金补助，鼓励金融机构和私营部门共同投资铁路绿色项目，分担风险、共享收益；推动金融机构与铁路企业进行公私合营合作，金融机构投资绿色铁路项目，政府提供政策和财政支持；政府可以选择一些具有代表性的绿色铁路项目作为示范工程，吸引金融机构的投资兴趣，并通过示范效应带动更多项目的融资支持。

⑤ 外资引入。与国际金融机构和组织合作，引进外资和技术，推动铁路绿色项目的实施；制定吸引外资的政策，鼓励国际金融机构投资中国铁路的绿色项目，提升资金来源的多样性。

4. 对铁路运输企业低碳技术研究的政策支持

铁路运输企业低碳技术主要包括低碳运输装备技术、低碳铁路线路技术和低碳运营技术。对铁路运输企业低碳技术研究的政策支持是指直接出台政策，专门针对运输企业低碳技术研究工作提供支持和鼓励。

① 低碳运输装备技术的政策支持。政府设立专项资金，支持低碳运输装备的研发项目，资助可以覆盖研发、试验和初期生产阶段的费用；对于购买或升级为低碳运输装备的铁路企业，提供购置补贴或税收减免，降低企业的资本投入成本；对于投入资金进行低碳运输装备技术研究的企业，提供研发费用加计扣除、税收减免等优惠政策；对于引进国外先进低碳运输装备的企业，提供进口税收减免，降低设备采购成本；制定和完善低碳运输装备的技术标准和规范，推动行业技术升级，并为符合标准的产品提供认证；对通过低碳技术认证的企业或产品，政府可以给予认证费用补贴或奖励，提高企业参与技术认证的积极性；推动政府与企业、科研机构合作开展低碳装备研发项目，通过公私合营模式共同承担研发成本和风险；设立低碳运输装备的示范工程，通过实际应用验证技术效果，并吸引更多企业参与技术开发。

② 低碳铁路线路技术的政策支持。对实施低碳铁路线路技术的基础设施建设项目提供财政补贴，支持绿色铁路线路的规划和建设；设立专项资金用于低碳铁路线路的技术研究和试验；设立低碳铁路线路技术的创新基金，支持相关科技研发等；支持将低碳铁路线路技术研究成果转化为实际应用，鼓励技术在铁路建设中的应用；对采用低碳技术建设的铁路线路给予绿色认证，并在相关政策中给予优先支持和奖励；对符合低碳技术要求的铁路线路项目，简化审批流程、提高审批效率、减少项目实施时间；建立跨部门协调机制，推动铁路运输部门、科技部门、规划部门等的合作，共同推动低碳铁路线路技术的发展和应用。

③ 低碳运营技术的政策支持。对实施低碳运营技术的铁路企业提供技术补贴和运营支持；支持低碳运营技术的试点项目，进行实地应用和效果评估，为后续推广提供数据支持；建立低碳运营技术的数据共享平台，提供技术数据、案例和经验分享，促进技术的推广应用；支持铁路企业建设信息化系统，提高低碳运营技术的应用效率；提供低碳运营技术的培训课程，提升铁路企业人员的技术能力和应用水平；引入低碳运营领域的专家，提供技术咨询和指导，帮助企业实施和优化低碳运营技术；制定低碳运营技术的激励政策，如降低碳排放相关费用、提供额外奖励等，鼓励企业实施低碳运营技术；制定低碳运营的行业标准和规范，推动行业内普遍应用低碳技术，提高整体运营水平。

第二节　重点工矿企业"公转铁"政策保障

重点工矿企业"公转铁"政策保障就是根据交通运输结构和重点工矿企业经营发展现状，提出专用线建设支持政策。主要包括四方面内容：一是针对新建专用线，从征地、环水保批复、土地证办理方面，提供立项手续简易化的政策支持；二是基于碳交易政策驱动"公转铁"项目获得经济收益和推动市郊工矿企业专用线融入城市轨道交通，提升通勤的便捷性；三是政府支持和鼓励多企业共建专用线和骨干企业自建专用线时取得碳收益或交换碳排放权等，并扩大专用线使用范围；四是针对重点行业、重点物资、大宗货物等，开展减税补贴、金融贷款政策补贴和碳交易补贴等政策保障。

一、工矿企业专用线建设政策保障

1. 适合新建专用线的工矿企业类型

重点工矿企业主要包括钢铁企业和煤矿、铁矿等矿产资源开采企业。钢铁企业通常需要频繁、大规模地运输铁矿石、钢材等大宗货物，利用专用线能够提升运输效率，提高生产能力；矿产资源开采企业需要向外运输煤、碳、矿石，而专用线能够减少运输成本，提高效率和安全性。专用线的建设为重点工矿企业提供重要支持，提升生产和物流效率、降低运营成本，可保障供应链稳定，从而推动企业发展和经济效益提升。

2. 新建专用线的政策支持

通过在用地手续办理、环境保护与水土保持批复及土地证办理等方面对新建专用线进行政策支持，降低建设企业专用线的阻力。

政府优化审批流程、整合部门，设立一站式服务平台和快速审批通道来简化用地手续办理，提高效率。透明化审批流程和修订土地法规，以减少法律风险和政策障碍，保障项目能够顺利推进。简化环境影响评估和水土保持方案的审批程序。通过分类管理、绿色审批通道和提供技术指导，简化程序流程，提高审批效率。通过政策简化办理程序，允许电子化申请，设立快速办理通道来提高效率；明确土地确权政策和程序，提供解决争议的机制，加快土地登记和变更，确保用地权属清晰。

通过以上政策措施，可提升铁路专用线项目的建设效率、降低成本、吸引投资并推动经济发展。但简化程序可能带来监管和环境保护挑战，需要各部门协调配合，确保政策的有效实施和公平性。

二、工矿企业"公转铁"政策引导

1. 碳交易政策支持下的收益驱动

由于碳交易政策的支持，对实行"公转铁"政策的工矿企业提供经济激励，通过减少碳排放量获得经济效益，推动工矿企业绿色转型。政府为参与"公转铁"的企业提供碳配额，企业通过降低碳排放量拥有多余的碳配额，将其在碳交易市场出售从而获得经济效益。为了保证公平的交易市场以及有效的激励，碳配额分配依据企业具体的碳排放情况来进行调整。

政府通过建立更加便捷的碳交易平台，提出减免交易手续费、交易额度优先等措施激励企业积极参与"公转铁"，并确保市场的透明性和流动性。

为帮助通过"公转铁"政策实现碳减排的企业缓解转型过程中的成本压力，政府可以为其提供财政补贴或减税优惠。制定明确的碳交易政策框架，同时通过宣传和培训提高企业对于碳交易政策的认识，能够确保政策的有效实施，并帮助更多企业参与碳交易市场。

通过对企业碳排放数据定期审核以及对碳交易效益评估来完善碳交易市场的监管机制，从而保证市场的合法性和透明度。为成功实施"公转铁"政策的企业提供额外的碳配额或补贴，从而激励更多的企业实现绿色转型。

2. 市郊工矿企业专用线公交化的政策支持

市郊工矿企业专用线通过融入城市轨道交通系统，从而提升通勤的便捷性。制定详细的政策指南，明确公交化的目标、实施步骤和标准，涵盖线路规划、运营管理以及票务系统等方面。为确保市郊专用线与城市轨道交通系统的有效衔接，应加强规划协调，确保线路与城市交通规划不冲突。

政府可以提供财政补贴或专项资金，用于市郊专用线的改造和公交化建设，缓解企业的资金压力。为确保公交化后专用线的运营稳定性，政府还可以提供运营补贴，帮助企业平衡运营成本，保证服务的持续性。在线路规划与建设方面，需要确定公交化改造的技术标准和要求，确保专用线改造符合城市轨道交通标准。要规划专用线与城市轨道交通系统的接驳点，确保通勤线路的顺畅连接。

在重要的工矿企业和居民区设置车站将极大地提高员工和居民的出行便利性。在运营管理方面，专用线公交化运营模式应与城市轨道交通接轨，提供定时、定点的公交服务，合理安排运营时间和频次以满足通勤需求。制定并实施专用线公交化的服务标准，包括车内设施、服务态度和清洁卫生等方面，提高服务质量及乘客的乘车体验。搭建实时查询系统和手机应用程序等信息化服务平台，为乘客提供及时的列车信息和服务指南。

政府应为在市郊专用线公交化过程中进行投资和运营的企业提供税收优惠或减免，并设立奖励机制，对成功实施公交化的企业和项目给予奖励。与工矿企业及城市轨道交通运营企业建立合作机制，共同推进专用线公交化项目的实施。积极听取市民和企业的意见，优化公交化方案，提高服务的针对性和实用性。

三、专用线联合开发的政策支持

1. 多企业共建专用线走廊模式

为了推动多企业共建专用线走廊模式的发展，政策支持将发挥关键作用。政府需要制定详细的政策指南，明确参与企业的权利与义务、投资比例、收益分配等关键要素，并通过立法或政策文件确保共建模式的合法性和合规性。提供专项资金或建设补贴，降低多企业共建专用线的建设成本，通过设立绿色债券和专项基金等方式为项目提供融资支持，缓解企业的资金压力。提供税收减免或优惠政策给投资和建设专用线走廊的企业，允许企业对专用线建设和设备投资进行加速折旧，从而减轻财务压力。

鼓励参与企业共同制定专用线走廊的规划方案，确保线路设计和建设符合各方的运输需求和发展目标。为了保证工程质量和安全性，制定专用线走廊的建设标准，并且能够降低后续运营和维护成本。在运营管理方面，制定详细的运营合约，明确各参与企业在专用线运营中的角色和责任；同时为解决运营过程中的问题，建立协调机制，确保专用线的高效运转。鼓励企业共享专用线的基础设施，提高使用效率、降低运营成本，并通过信息共享平台提供专用线的实时运营数据，促进企业之间的协调合作。

对成功实施该模式的企业及符合绿色运输标准的项目给予绩效奖金或政策支持。鼓励企业与政府采用公私合营模式共同投资和运营专用线项目，分担风险，提高项目实施效率；促进企业与科研机构、规划部门等的合作，共同推进专用线走廊的建设和运营。

2. 收取过轨效益的模式

为了有效实施骨干企业自建专用线并收取过轨效益的模式，必须制定一套详尽的政策框架。政府需要出台相关政策文件，明确过轨效益的收费标准、收费方式及碳收益交换的具体操作细节，为保证其合法性和公正性，需要设立法律保障。综合考虑专用线的建设和运营成本、市场需求及公平性等因素，设定合理的标准，确保透明、合理收费。为适应不同企业的需求，应制定多种收费方式。

在考虑专用线的碳减排效益及市场碳价格等因素的前提下，企业在使用专用线时缴纳规定碳收益，碳收益应主要用于专用线的维护和升级或支持更多的绿色项目。鼓励企业通过碳排放权交易来交换专用线的使用权，政府提供碳排放权交易市场，制定公平透明的交换比例、交易流程和审核机制等规定，确保交易的公平性。

骨干企业在规划专用线时应考虑到其他企业的需求，设计适合的基础设施和服务设施，确保专用线的高效利用；可制定共享协议，明确各方的权利和义务。建立专用线的管理机制负责日常运营、过轨效益的收取及碳收益或排放权交换的管理；实施有效的监督机制，确保收费和交易的公平性，并定期审查和评估效果。

政府应对成功实施过轨效益收取项目的骨干企业提供财政奖励或税收优惠，并简化审批程序、提供资金支持，以鼓励更多企业参与。鼓励骨干企业与其他企业建立合作机制，共同推进专用线的建设和运营，并设立示范项目展示成功案例，推广这种模式并吸引更多企业参与。

在推广和示范方面，选择特定区域或行业进行试点，积累经验并验证效果。对试点项目进行总结和评估，提炼成功经验，优化过轨效益收取和碳交易的模式。通过媒体和行业会议宣传过轨效益收取模式的优势和政策支持，提升企业的认识和接受度；同时开展培训计划，帮助企业了解专用线建设、过轨效益收取和碳交易的实施细节，提高项目的实施效果。

3. 专用线引导作用下的产业集群开发模式

为了推动以铁路专用线为牵引的产业集群开发模式，必须制定全面的政策框架，明确专用线建设与产业集群发展的关系，并提供法律保障。政策框架应涵盖专用线的规划标准、扶持措施及协调机制，确保政策的实施效果和企业的合法权益。政府需通过财政支持（包括专项资金或建设补贴）来降低专用线及其支线建设的成本，同时为在专用线沿线进行建设和运营的企业提供财政奖励、税收优惠或贷款支持。此外，政府还需提供优质土地资源并制定土地使用规划，推动企业在专用线沿线布局，从而形成合理的产业集群。

在专用线的规划与建设方面，需确定主干线的主要路线作为骨干铁路网络，并规划支线形成鱼刺状的路网结构，确保广泛的交通覆盖和高效连通。在基础设施建设中，应在专用线的重要节点和支线交汇处建设现代化车站设施，并在沿线规划物流园区，提供一体化的仓储和配送服务，支持产业集群的发展。

产业集群的引导与支持应通过制定沿线的产业发展规划，引导相关产业的集群化布局，并促进企业形成完整的产业链条，提升整体竞争力。政府应提供资金支持，如项目补贴和税收减免，激励企业在专用线沿线建设生产设施和研发中心，并提供创业扶持、技术支持及市场开拓服务。合作机制方面，鼓励专用线沿线企业之间的合作，推动技术交流和资源共享；同时引导科研机构和高校参与，提供技术支持和人才培养，促进创新发展。

为推广这一模式，政府应设立示范项目，选择具有代表性的区域进行试点，验证模式的可行性并总结经验。此外，应通过各种渠道宣传专用线引导产业集群开发模式的优势和政策支持，提升企业和地方政府的认识；同时开展培训计划，帮助相关部门和企业了解实施细节和最佳实践，提高项目的实施效果。

4.利用专用线过轨的旅游专列增收模式

为了推动利用专用线开展旅游专列的增收模式，需要制定全面的政策框架，并提供相应的支持。政策指南应明确旅游专列的运营标准、管理要求和票务机制，同时通过法律保障确保运营的合法性与安全性。政府可以提供财政补贴，帮助企业降低专用线改造和旅游设施建设的初期投资成本，并在运营阶段给予补贴或税收优惠，以减轻企业的运营负担。此外，政府还应支持基础设施建设，如旅游服务中心和景区接驳站，以及提供土地资源用于建设相关服务点，从而提升旅游专列的整体服务水平。

在旅游专列的规划与管理方面，应选择适合的专用线路线，并规划运营区间，确保连接主要旅游景点或文化遗址。车站设置应方便游客上下车，而车厢设计需要满足旅游需求，包括舒适座椅、观光车厢和餐饮车厢等，提供导游服务、旅游信息咨询和纪念品销售等设施提升游客体验。运营管理应制定发车频次、运营时间和票务安排，确保高效运营；应制定安全管理措施和应急预案，保障游客安全。

旅游产品的开发与推广至关重要，需设计多样化的旅游线路和特色活动（如文化演出、生态观光和地方美食体验等）以吸引游客。宣传活动应通过各种媒体和旅游平台推广专列线路，扩展市场渠道，并与旅游公司、旅行社和地方政府等合作伙伴合作，增加曝光率。客户服务方面，应提供优质的预订服务、在线咨询和旅游指南，并建立反馈机制，以不断改进服务质量。

为了激励企业积极参与，政府可以设立奖励机制，提供税收优惠和融资支持，降低运营企业的财务压力。同时，鼓励通过公私合营模式和区域合作共同开发旅游专列线路，实现资源共享和互利共赢。通过设立示范项目进行试点，验证模式的可行性并总结经验，为推广提供参考。此外，需通过各种渠道宣传旅游专列的优势和政策支持并开展培训计划，帮助企业了解管理、市场推广和客户服务的最佳实践，以提高项目实施效果。

四、重点物资"公转铁"政策补贴

1. 八大行业的大宗物资梳理

在八大行业中，发电、石化、化工、建材、钢铁、有色金属、造纸和国内民用航空等领域的大宗物资运输需求都具有显著的特点。[6]

发电行业主要依赖煤炭和燃料油，这些物资运输量大、密度高，非常适合采用铁路运输，能够有效减少物流成本。石化行业则需要原油和石化产品（如石脑油和液化石油气），铁路能够提供稳定的长途运输服务，保证原料供应。化工行业中的化肥原料（氮肥、磷肥、钾肥）和化学品（如化学原料、塑料颗粒）也具有大宗运输特点，铁路运输可以降低成本并提高效率。建材行业所需的水泥和石料砂石因其运输量大和需求稳定，也依赖铁路的经济运输服务。钢铁行业的铁矿石和钢材因运输量大且密度高，同样适合铁路运输，有效支撑了钢铁生产的需求。对于有色金属行业的铜矿石和铝土矿，铁路运输能够提供高效、稳定的物流支持，满足铝生产和电力、电缆行业的需求。造纸行业则依赖木材、纸浆和废纸等原料，这些物资的运输需求也适合铁路。国内民用航空领域需要运输航空煤油和飞机零部件，尽管飞机零部件体积大，但铁路运输仍能提供稳定、可靠的服务，确保航空燃料和零部件的供应。铁路运输因其承载量大、成本低、效率高，成为大宗物资的重要运输方式。

2. 减税补贴

减税补贴政策旨在鼓励企业进行低碳转型，并在其转型过程中减轻税负，以提升企业竞争力和促进可持续发展。此政策通过减税补贴的方式对低碳企业给予奖励，虽然政府因此会损失部分税收，但通过企业的转型升级，能够实现长远的税收增长，并填补初期税收损失。

政策的核心在于设定明确的目标，包括鼓励企业减少碳排放、支持其升级改造。主要政策类型包括税收减免、税收抵扣和税收返还，具体形式如减少企业所得税、增值税等税种的比例，允许对低碳技术投资的支出进行抵扣，或者对符合低碳标准的企业进行税款返还。实施策略包括确定减税标准，根据企业低碳化程度和技术投入设定减免比例，制定实施细则，包括申报程序、审核机制和评估体系，确保政策公正实施和效果达成。同时，需要财政补偿措施，如预算安排和财务监控，保证政策顺利实施。配套措施则包括技术支持、市场激励和资金支持。技术支持包括提供技术咨询和培训，市场激励则涉及绿色认证和市场推广，以提升企业市场竞争力；资金支持则包括设立低碳投资基金和提供低息贷款，以缓解企业资金压力。政策还需定期评估，包括效果评估和问题反馈，根据评估结果和反馈优化政策措施和调整标准。成功案例的分析和推广也是政策的重要组成部分，通过展示示范项目的效果总结经验，进行政策宣传和培训讲座，提升企业对政策的认知和参与度。

3. 金融贷款政策补贴

金融贷款政策补贴是指通过降低贷款利率的方式，旨在鼓励企业投资低碳技术和设备，减轻其在绿色转型初期的财务负担，从而促进可持续发展。政策的主要目标是激励低碳投资和缓解企业财务压力，而政府则通过利息补贴和风险补偿的方式实现该目标。具体而言，政府为金融机构提供贷款利率补贴，使企业能够获得低于市场利率的贷款，同时也通过提供风险补偿或担保，降低金融机构的贷款风险，从而间接降低贷款利率。

在实施策略方面，首先需要确定补贴标准，包括设定贷款利率补贴的比例和补贴条件，如对符合低碳标准的项目补贴一定比例的利息。实施细则包括制定申请流程、审核机制和补贴管理，以确保政策的公正性和有效性。同时，需要与金融机构密切合作，通过政策沟通、签署合作协议和建立激励机制，确保金融机构了解政策细则并愿意提供优惠贷款条件。对积极参与低碳项目融资的金融机构，政府还可以给予奖励或其他激励措施，以扩大对低碳企业的贷款支持。

财政支持与风险管理是政策成功实施的关键。政府需要设定相应的财政预算并合理调配资金，确保补贴资金的及时发放和管理。此外，对贷款风险进行评估，建立担保机制以降低金融机构的贷款风险也是必不可少的措施。

政策评估与调整方面，应定期评估贷款利率补贴政策的效果，包括企业贷款情况、项目进展等，并收集金融机构和企业的反馈，以便及时调整政策措施。根据评估结果和反馈，优化政策实施细则和调整标准，以适应新的经济形势。

最后，通过选择成功获得贷款利率补贴的低碳项目作为示范，展示其投资成效和政策支持的效果，能够为其他企业提供参考和指导。同时，通过各种渠道宣传政策内容和优势，并举办政策解读和实施培训讲座，提升企业的认知度和参与积极性，确保政策的广泛应用和有效实施。

4. 碳交易政策补贴

碳交易政策补贴通过碳排放权交易机制，激励企业采取低碳技术和措施，降低碳排放，以实现环境保护和经济效益的双重目标。政策框架的核心在于通过市场化手段调节碳排放，其中主要包括向企业分配碳排放权，允许企业在碳市场上交易这些权利以赚取碳收益，以及通过碳市场的交易机制奖励实施低碳措施并减少排放的企业。

在实施策略方面，首先需制定碳排放权的配额分配方案，依据企业的历史排放水平、减排潜力和行业特性分配排放权，同时通过拍卖方式分配部分碳排放权以提高市场流动性和公平性。建立或优化碳交易平台，提供碳排放权交易的市场基础设施，确保交易的公开、公正和透明。此外，设立监管机构来监控市场运行，防止市场操控和违规行为，维护市场健康运行。对积极实施低碳技术和减少排放的企业，提供额外的交易激励，如更高的碳排放权配额或交易优先权，并为企业提供低碳技术咨询和培训，帮助其应用最新的低碳技术。

虽然政府不直接投资，但可以通过设置市场补贴机制，如提供市场启动资金或减免交易费用，鼓励企业参与碳市场。合理的财政预算安排可以确保市场机制的有效实施。为了控制市场风险，需要建立市场稳定机制，如价格上限和下限，以减少价格的剧烈波动，同时确保碳市场交易数据和排放数据的公开透明，减少信息不对称，提升市场的可信度。

政策评估与调整是确保碳交易政策有效性的关键。需要定期评估政策效果，包括企业减排成效、市场流动性和碳收益等,并收集企业和市场参与者的反馈,进行政策优化和调整。根据评估结果和反馈,优化碳排放权的分配方案和交易机制,并适时调整市场标准和规则,以适应新的经济形势。

成功案例分析和推广是政策实施的重要组成部分。通过选择成功参与碳交易的企业作为示范,展示其通过碳市场获得的收益和低碳转型成果,能够为其他企业提供参考和指导。同时,通过各种渠道宣传政策内容和优势,举办碳市场政策解读和实施培训讲座,帮助企业了解政策细节和交易流程,提升企业参与意识和积极性。

第三节 轨道交通"四网融合"的政策保障

一、轨道交通"四网融合"的提出

随着我国新型城镇化建设的持续推进,轨道交通逐渐成为引导城市群空间形态布局的关键力量,并且是城市群形成和发展的重要基础条件之一。国家发展改革委发布的《国家发展改革委关于培育发展现代化都市圈的指导意见》(发改规划〔2019〕328号),首次明确提出了推动干线铁路、城际铁路、市域(郊)铁路、城市轨道交通"四网融合"的战略。该战略旨在通过不同层级轨道交通网络的互联互通,实现资源的高效配置和区域一体化发展。

该指导意见旨在构建轨道上的都市圈。建议全面考虑都市圈轨道交通网络的布局,形成以轨道交通为核心的通勤网络。在适宜的区域,应制定都市圈轨道交通规划,促进干线铁路、城际铁路、市域(郊)铁路、城市轨道交通的"四网融合"。探索都市圈中心城市轨道交通向周边城市(镇)适度延伸的可能性。同时,应统一规划都市圈城际铁路的线路和站点布局,完善城际铁路网络规划,并有序推动城际铁路建设,充分利用普速铁路和高速铁路资源提供城际列车服务。创新运输服务模式,提高城际铁路运输的效率。积极发展都市圈市域(郊)铁路,通过既有铁路的加强、局部线路的扩建、站房站台的改造等手段,优先利用现有资源开行市域(郊)列车;同时有序新建市域(郊)铁路,并将其运营纳入城市公共交通系统。探索实现都市圈轨道交通运营管理的"一体化",推动中心城市、周边城市(镇)、新城新区等轨道交通的有效衔接,加速便捷换乘的实现,以更好地满足通勤需求。

交通运输部与国家铁路局联合发布了《关于加强城际铁路、市域（郊）铁路监督管理的意见》，提出支持城际铁路、市域（郊）铁路、城市轨道交通在枢纽场站换乘衔接，并深入推进安检互信、资源共享、票制互通、支付兼容等方面的措施。

当前，我国多个城市群和都市圈已开始着手进行多层次轨道交通体系的规划编制工作，以期有效推动"四网融合"的实施。政府亦在一些重点地区开展了试点项目，以探索和实践"四网融合"的具体路径。以粤港澳大湾区为例，国家铁路局正积极致力于推动轨道交通设施的互联、票制的互通、安检的互信以及信息的共享，这些都是实现"四网融合"目标的关键步骤。

与此同时，广东省也在积极推进轨道交通"四网融合"的相关工作，针对地铁和铁路之间存在的制式不统一、标准不一致以及管理上的不协调等问题，进行了深入的梳理和分析，识别出了制约"四网融合"的关键障碍，并据此形成了详细的问题清单和新产品需求。广东省与国家铁路局及相关单位紧密合作，共同研究并落实解决这些关键问题的路径，以期达到轨道交通网络的高效整合和优化利用。

二、轨道交通"四网融合"的减碳效益

轨道交通的"四网融合"策略已被证实具有显著的减碳效益。这一创新的融合策略通过优化交通结构，显著提升了轨道交通的连接性和贯通性。它有效地促进了公共交通的使用，减少了私家车的出行频率，从而在很大程度上降低了碳排放。这对于改善空气质量、推动绿色低碳发展具有极其重要的意义。

具体而言，"四网融合"策略通过整合干线铁路、城际铁路、市域（郊）铁路和城市轨道交通网，实现了不同轨道交通系统之间的无缝衔接和高效换乘。这种系统间的融合不仅提升了轨道交通的整体运输效率，还使得乘客能够更加方便快捷地选择轨道交通作为出行方式。这样一来，私家车的使用频率自然下降，进而降低了因汽车尾气排放而产生的碳排放量。

除此之外，"四网融合"还通过优化交通网络布局，显著提高了轨道交通的覆盖范围和服务水平。这使得更多的人能够享受到轨道交通带来的便捷和舒适，从而在很大程度上改变了人们的出行习惯。这种转变不仅有助于提升城市功能品质，还进一步推动了城市绿色低碳交通体系的建设和发展，为实现可持续发展的目标贡献了重要力量。

三、轨道交通"四网融合"的政策保障

轨道交通"四网融合"的政策保障主要体现在国家层面的重大战略决策、相关政策的发布以及行业标准的制定上。这些措施不仅涵盖了从宏观战略到具体实施的各个层面，而且确保了轨道交通网络的高效整合与优化发展。

首先，推动轨道交通"四网融合"是党中央、国务院作出的重大战略决策，也是交通强国的重要内容。这一决策的出台标志着国家对于构建综合交通网络的决心和愿景，旨在实现各种交通方式的连接贯通，更加方便人民群众的出行，更好地服务区域经济社会发展。这体现了国家对"四网融合"的高度重视和坚定决心，为"四网融合"的推进提供了坚实的政治保障。同时，它也彰显了国家对于提升交通效率、促进区域一体化发展的战略考量。

其次，为了推动"四网融合"的实施，国家铁路局等相关部门发布了一系列相关政策。例如，中国城市轨道交通协会正式发布了《中国城市轨道交通融合城轨发展指南》，为城轨交通多元融合指明了"关键路径"。此外，国家铁路局还发布了《城际铁路设计规范》局部修订条文和《市域（郊）铁路工程静态和动态验收技术规范（试行）》等4项"四网融合"亟须的铁路行业工程建设标准，为"四网融合"提供了具体的技术指导和规范。这些政策和标准的出台，不仅为轨道交通的规划和建设提供了明确的指导，也为行业内的技术创新和管理优化奠定了基础。

最后，在行业标准的制定方面，国家也积极行动，确保"四网融合"的顺利推进。这些行业标准的发布不仅为"四网融合"提供了技术支撑，也为相关项目的规划、建设、运营等提供了统一的遵循和依据。它们确保了轨道交通网络在技术层面的兼容性和互操作性，为实现轨道交通的高效运营和管理提供了重要保障。

轨道交通"四网融合"的政策保障措施共同构成了"四网融合"推进的坚实基石，为构建高效、便捷的一体化轨道交通网络提供了有力支撑。这些政策和标准的实施将有助于推动轨道交通行业实现可持续发展，为人民群众提供更加安全、舒适、便捷的出行服务，同时也为促进经济社会的全面发展注入新的动力。

参考文献

[1] 任福民, 黄定仪, 杨月芳, 等. 铁路运输业碳排放的评定方法[J]. 北京交通大学学报, 2015, 39(3): 62-69.

[2] 袁振洲, 袁晓敬, 杨洋, 等. 交通运输业碳足迹测算及其交互效应评估——以京津冀地区为

例[J]. 北京交通大学学报, 2023, 47(6): 74-81.

[3] 卢春房. 铁路低碳发展导论[M]. 北京: 中国科学技术出版社, 2023.

[4] 徐浩成, 余浩, 吕强, 等. 道路交通碳排放核算方法研究[J]. 汽车工程学报, 2023, 13(4): 496-505.

[5] 杜晓玉. 碳减排与大气环境治理的协同途径探讨[J]. 皮革制作与环保科技, 2023, 4(13): 74-75+78.

[6] 陈广卫, 张静, 刘兆鑫. 石化企业内部碳定价方法研究[J]. 当代石油石化, 2022, 30(6): 38-42.

第九章 铁路绿色发展创新研究展望

《推动铁路行业低碳发展实施方案》提出"完善技术标准体系",主要实现途径包括以下五个方面:一是鼓励铁路科研机构和企业进行低碳关键技术攻关;二是鼓励铁路企业推广应用绿色低碳新技术、新材料、新工艺、新设备;三是建立铁路系统绿色低碳技术、装备、产品目录清单,推广一批技术水平先进、经济效益良好、适用范围广阔的绿色低碳技术、装备和产品;四是推动铁路绿色低碳标准建设,加强国家标准、团体标准、行业标准的协调发展;五是开展铁路领域碳排放核算、监测、计量和评估认证体系相关研究,完善绿色铁路、绿色客站评价体系。

本书针对铁路运输行业碳排放形势严峻的问题,基于我国铁路数量大、里程长、分布广泛,结合绿电发展态势良好等基础现状,提出铁路设施装备节能减碳、绿色能源代替减碳、基于"公转铁"的运输方式改变减碳、基于固碳的碳补偿减碳等四个方面的减碳机制,并最终从铁路绿色发展政策保障方面做出研究。针对前述取得的理论成果,提出绿色铁路创新研究展望,以期为铁路低碳、绿色发展提供参考和指明方向。

第一节 政策创新研究展望

综合本书前述研究成果,本课题研究人员认为,从国家和地方政府(含代表地方政府出资的企业)层面来看,可从以下七个方面立项课题做进一步研究。

一、新建铁路专用线项目立项决策理论与程序研究

1. 研究必要性

企业自建铁路专用线与政府出资建设专用线相比,立项决策程序有所不同。企业自建铁路专用线时,企业需进行详细的可行性研究,确定项目的技术方案和经济

效益，编制项目建议书，并经过企业内部审批和相关政府部门的审批。企业需自主筹措资金，可能包括自有资金、银行贷款及其他融资方式，且负责专用线建设过程中的全部管理工作，包括招标、施工和质量控制等。相对而言，政府出资建设专用线时，项目的立项决策程序由政府主导，政府组织可行性研究，编制项目建议书，并进行政府审批。项目资金由政府财政拨款或专项资金解决，政府负责项目建设的总体规划和管理，可能会委托专业公司进行具体实施。

当前铁路项目立项周期长，工矿企业自建专用线建设周期应缩短，以满足企业物资运输需求快速增长的情况。新建铁路专用线项目的立项决策方法涉及多个关键步骤，为缩短立项决策的周期，应从关键步骤的重要环节入手，对立项决策和程序进行深入研究。通过研究并付诸实施，可以有效应对铁路专用线项目立项周期长的问题，为工矿企业提供更加高效的支持，推动"公转铁"政策的实施。

2. 研究内容

① 新建专用线项目可行性研究的基本方法。项目可行性研究是立项决策的基础。应着重研究：企业发展规划及物资运输规划的步骤与方法，以评估物资运输的需求，预测专用线对企业的节能减碳、省钱盈利的能力；研究新建专用线的技术经济分析方法，涵盖低碳、低速、低廉的工程技术方案可行性、投资估算及经济效益分析的基本方法；分析社会影响，尤其是企业增长潜力的提升和带动周边（沿线）区域经济发展等。

② 新建专用线项目建议书的编制方法。在完成可行性研究后，需编制项目建议书。应着重研究：专用线建设目标的确定方法，预期效益的测算方法；项目规模的确定方法和建设周期计划方法；专用线建设的经济风险、安全风险（可能涉及多个平交道口）评估的主要方法及应对措施。

③ 新建专用线项目的简易立项审批程序。针对专用线项目的特点，研究简易程序可以提高立项效率。简化审批流程，如设立专门的审批窗口或绿色通道，可以加快报批进程。制定统一的项目申请文件模板，减少企业编制建议书的时间和成本，也能显著提高工作效率。

二、铁路运输企业碳排放评估指标体系与标准研究

1. 研究必要性

铁路运输相较于公路和航空具有明显的碳减排优势，其整体碳效益显著，特别

是在推动绿色低碳化方面，铁路运输扮演着关键角色。目前尚无关于量化铁路运输碳排放评估指标体系的研究。本研究旨在构建一个系统化的碳排放评估指标体系，以指导铁路运输企业实现绿色低碳化发展，进一步提升碳效益。

通过建立和完善铁路运输企业的碳排放评估指标体系，并结合社会整体碳排放水平的研究，可以为铁路运输企业提供科学的低碳发展路径。同时，也将有助于推动整个铁路行业的绿色转型，实现更高水平的碳减排目标，促进社会可持续发展。

2. 研究内容

① 评估指标的基本框架和具体内容。核心指标可以涵盖能源消耗量、碳排放强度、能源结构优化程度等方面。通过对这些指标的量化和分析，可以对铁路企业的碳排放进行全面评估，并根据评估结果制定相应的减排措施。

② 碳排放动态监测和报告机制的建立。机制应包括定期的碳排放数据收集和分析，及时识别排放源及其变化趋势，并通过数据驱动的管理手段持续推动企业的低碳化进程。同时，完善的碳排放报告制度可以提高企业的透明度和社会责任感，为外部利益相关者提供明确的碳排放信息。

③ 全社会范围的铁路碳排放均值研究。以此为基准，推动铁路运输企业的低碳化建设。通过分析全社会铁路碳排放的平均水平，识别高于均值的铁路运输企业，为这些企业提供针对性的低碳发展指导。该过程涉及对各类运输企业的碳排放数据进行对比，发现碳排放水平较高的企业，并鼓励它们通过技术改进、能源转换和管理优化等措施提升碳效益。

三、铁路运输低碳引领机制体系与政策激励研究

1. 研究必要性

铁路在综合交通体系中的碳效益明显，主要体现在其单位周转量的碳排放显著低于公路和航空运输方式。为了充分发挥铁路在全社会减碳工作中的核心作用，本研究将重点探讨不同运输方式转换的碳收益，特别是从公路运输向铁路运输转移的碳效益。

2. 研究内容

① 全程公路运输货流转移为全程铁路运输货流的碳收益。该转换可以显著减少碳排放，因为铁路运输的碳排放强度通常低于公路运输。通过比较全程公路运输和

全程铁路运输的碳排放量，评估该转移对整体碳排放的影响，从而量化铁路运输在减少碳排放方面的优势。

② 全程公路运输货流转移为铁路专用线→铁路→公路短驳运输货流的碳收益。该转移方式涉及在运输链中引入铁路专用线，将部分运输任务转移到铁路上，同时对于零散物资、短距离物资仍保留部分公路运输。该组合方式将能够部分利用铁路的低碳效益，同时保留公路运输的灵活性。通过对此混合运输模式下的碳排放量进行比较，研究其相较于全程公路运输的碳收益和整体效益。

③ 铁路专用线→铁路→公路运输货流转移为铁路专用线→铁路→铁路专用线运输货流的碳收益。通过完全依赖铁路的物资运输模式，可以进一步优化碳排放水平，减少对公路运输的依赖。该模式在提升铁路运输碳效益的同时，可能会带来其他运营上的挑战。因此，研究将关注该转移方式对碳效益的影响，并探讨可能的优化措施。

④ 低碳铁路吸引高碳货流的引领机制体系。低碳铁路的吸引力不仅体现在其环境效益上，还可能涉及经济激励和政策支持。通过研究不同的引领机制，包括碳收益、价格激励、政策支持和市场驱动因素，探索如何通过低碳铁路吸引高碳货流，从而进一步促进低碳运输。

⑤ 激励地方铁路建设和铁路专用线建设的国家或地方政策。为了推动铁路运输的低碳化发展，政府需要制定和实施有效的政策，包括财政补贴、税收优惠和专项资金支持等。该类政策不仅可以激励地方铁路基础设施建设，还可以促进铁路专用线的规划和建设。研究将评估该类政策的实际效果并提出优化建议，以更好地支持铁路运输的绿色转型。研究成果预计可为铁路在综合交通体系中的减碳工作提供科学依据和政策建议，进一步推动铁路运输的绿色低碳发展，实现更高水平的碳减排目标。

四、专用线效益驱动下的产业集群开发模式与政策引导研究

1. 研究必要性

专用线作为铁路干线的末端，就是铁路"大动脉"的"毛细血管"，承担着重要的联接企业功能。政府出资和企业联合集资建设铁路专用线的融资、建设管理、运营模式及相关政策，将为地方经济发展提供重要支持，并促进物资运输的降本增效，同时推动实现全社会的减碳环保目标。

有效推进铁路专用线的建设和运营，可为政府和企业提供决策依据，为铁路专用线的可持续发展奠定坚实基础。特别是针对地方产业集群、企业群和产业园区，本研究将探讨政府出资建设和企业联合集资建设这两种模式的融资、建设管理和运营模式，并研究其过轨收益分配方式。

2. 研究内容

① 专用线融资模式。政府出资建设新建铁路专用线的融资模式可以包括直接财政拨款、地方政府专项债券发行以及政府与社会资本合作（PPP）模式等。政府出资能够为基础设施建设提供资金保障，而PPP模式则可以引入社会资本，实现资源共享、风险共担。研究政府（主要是代表政府出资的企业）出资、企业缴纳过轨费的融资模式；研究企业联合集资的融资模式；分析两种融资模式的优劣势，为政府、企业的融资决策提供理论支撑。

② 建设管理模式。建设管理需要建立有效的机制，包括项目规划、投资分担、建设进度管理和质量控制，确保项目顺利实施。研究制定科学合理的建设标准和管理规范，研究建设过程中各方利益协调机制，以推动建设管理工作的顺利进行。运营模式可以涉及政府与运营商合作、PPP模式，或完全由政府出资和管理。不同运营模式下的成本效益、服务质量以及风险分担情况都需要深入分析，以确保铁路专用线的高效运作。

③ 过轨收益分配方式。过轨收益分配方式涉及如何根据使用量和经济贡献合理分配收益，确保铁路专用线的经济回报能够公平分配，同时避免利益冲突。对于企业联合集资建设铁路专用线，该模式涉及多个企业的合作和协调。因此，应研究过轨收益的科学分配方法、探讨利益分配的冲突解决方案。

④ 运营管理模式。企业之间的合作协议、风险分担和冲突解决机制至关重要。运营维护方面，企业可以自行运营维护、委托专业公司运营维护，或共同成立运营维护公司。选择合适的运营管理模式有助于降低维护成本、提高线路服役质量，并确保铁路专用线的长期稳定运行。

⑤ 政策引导与保障。相关政策体系的完善是推动企业物资运输降本增效的关键。研究政府针对专用线的税收优惠、融资支持、建设补贴等政策措施，鼓励企业参与铁路专用线的建设，同时制定适当的政策，以促进其他社会资本的积极参与。

五、穿越生态区铁路的固碳补偿政策研究

1. 研究必要性

铁路穿越生态红线区常常面临法规限制,导致线路必须绕避,进而引发线路延长、土地占用增加、运营费用提升和碳排放量增加等问题。这不仅对环境造成负担,还削弱了固碳能力。为此,本研究将重点探讨在铁路穿越生态区时降低生态损失的方法体系,同时研究异地补偿固碳能力的政策法规,并提出生态环境保护方法。

通过制定本地降低生态损失的方法体系和研究异地补偿固碳能力的政策法规,为穿越生态区的铁路建设提供系统的解决方案。解决方案将有助于降低铁路建设对生态环境的负面影响,同时通过异地补偿和生态恢复,提高整体生态系统的固碳能力,促进铁路建设与环境保护的协调发展。

2. 研究内容

① 碳排放敏感区分析方法与优化设计方法。研究基于固碳理念的环境影响评估指标体系,研究生态敏感区域识别方法;提出基于固碳理念的线路设计、结构设计和施工优化的基本方法,可以尽量减少对生态系统的干扰,减少对植被和动物栖息地的破坏。

② 异地补偿固碳能力的政策和法规。本研究提出异地补偿固碳能力的基本概念。所谓异地补偿,是指在因铁路建设而导致生态保护区受损的情况下,通过在其他地区进行生态恢复和固碳项目来弥补损失。研究如何制定和实施有效的异地补偿政策,包括碳补偿项目的标准、实施方案以及监管机制。研究引入市场机制的方法,如碳信用交易和绿色债券,激励企业投资生态恢复和固碳项目。研究明确补偿资金的使用方向和效果评估方法的法规,确保补偿措施的实际效果和透明度。

③ 优化异地生态环境的方法体系。研究针对铁路经行区的生态恢复的科学制定方法,提出适宜的恢复区域和措施。例如,在退化土地上进行植树造林、湿地恢复和土壤改良等,提升该区域的固碳能力和生态功能。研究并建立监测和评估体系,定期对生态恢复效果进行评估,确保恢复项目的实施质量和生态效益。研究地方政府、企业和社会组织的合作机制,共同推进生态保护和恢复工作,以实现更高效的生态环境优化。

六、铁路运输企业低碳化金融支持政策研究

1. 研究必要性

虽然铁路运输被认为是低碳的运输方式，但仍存在进一步减碳的潜力。铁路运输的公益性质使其在减碳转型中面临特殊的挑战，那就是金融支持。解决方法就是低息或免息贷款，低息或免息贷款应成为促进铁路低碳化的重要激励手段。本研究将重点探讨针对铁路运输企业的金融激励政策，包括金融产品的设计、支持力度和支持方法，以进一步推动铁路运输的绿色低碳转型。

通过对金融激励政策的深入分析，为铁路运输企业的低碳化转型提供系统的金融支持方案。通过设计适合铁路企业的金融产品、确定合理的支持力度和实施有效的支持方法，促进铁路运输的绿色低碳发展，提升铁路企业的减碳能力，同时推动整体社会的环境保护和可持续发展目标。

2. 研究内容

① 铁路运输企业金融支持途径。金融产品的设计对于铁路运输企业的低碳化转型至关重要。金融产品可以包括专门针对铁路企业的绿色贷款、碳减排贷款和环境保护贷款等。绿色贷款是指为了支持环保和低碳项目而提供的贷款，通常具有较低的利率或其他优惠条件。碳减排贷款则针对企业在碳减排方面的具体投入进行资助，如投资节能设备、低碳技术和可再生能源项目。环境保护贷款则可以用于资助与环境保护相关的设施改造和运营费用。需要根据铁路企业的实际需求和低碳化项目的特点，提出金融产品设计的主要方法和收益保障机制，以确保贷款的使用效益最大化。

② 金融对铁路运输企业的支持力度。支持力度的大小直接影响到金融激励的有效性。研究需要评估不同类型的金融支持措施，如贷款利率的优惠幅度、贷款额度、还款期限等。低息贷款和免息贷款是对铁路低碳化成效的重要激励方式，可以大幅降低企业的融资成本，鼓励企业投资绿色技术和设备。研究贷款额度的设置方法，确保能够覆盖企业在低碳化转型中的主要投资需求。研究还款期限的确定方法，须确保其灵活性和针对性，以减轻企业的财务压力，确保其能够顺利完成低碳项目的实施。

③ 金融对铁路运输企业的支持方法。在支持方法方面，探讨如何通过金融机构和政府的合作来实现有效的金融激励。金融机构可以与政府部门合作，设立专门的

绿色金融基金或贷款项目，并通过政府的政策支持来降低贷款风险。政府可以提供贷款担保、风险补偿和政策支持，以鼓励金融机构向铁路运输企业提供低息或免息贷款。研究构建绿色信贷评价体系，对铁路企业的低碳项目进行评估和认证，以提高贷款的透明度和公信力。

七、铁路专用线—市郊铁路开行公交化列车的政策研究

1. 研究必要性

在城市核心区和市郊区域，铁路专用线具备改造为有轨列车系统的基础设施条件，为城市轨道交通的扩展提供了新的机会。将专用线或市郊铁路改造为城市轨道交通 L 线（轻轨）或 R 线（都市快轨），不仅可以提升轨道交通的覆盖范围，促进轨道交通系统的优化升级，还能带来显著的经济和社会效益。研究改造后的资产权属分配方法、经济效益和社会效益预期，并提出相关的政策建议，可为盘活地方铁路专用线、节约政府投资、加快城市交通建设提供理论与方法支撑。

2. 研究内容

① 资产权属分配。资产权属分配是改造过程中的关键问题。研究盘活铁路专用线的资产权属转移（分配）方法，包括改造后的资产涉及土地、基础设施、车辆和运营系统等。研究按原有资产投入、改造资本投入、改造后使用、收益分配等进行权属划分的科学方法。

② 经济社会效益评估。将专用线改造为城市轨道交通 L 线或 R 线后，预计会带来显著的经济效益和社会效益。研究城市核心区和市郊区域的专用线改造时序，分析专用线沿线土地增值、开发潜力、票务收入、广告收益等的地域性评估方法。研究专用线改造后的全社会碳收益。

③ 城市交通客流—企业货流混合运输组织方式。专用线改造为城市轨道交通后，仍保留货运功能。研究夜间企业货运组织、昼间城市交通客流运输组织的分时段运输组织方式。

④ 专用线改造的政府政策建议。研究政府政策建议，包括改造期的建设投资和贷款支持、运营期财政补贴和安全责任划分等。研究公私合营模式或其他合作机制在专用线改造项目中的实施方法。

第二节　管理创新研究展望

综合本书前述研究成果，本课题研究人员认为，从地方政府（含代表地方政府出资的企业）、国家铁路局与国铁集团层面来看，可从以下三个方面立项课题做进一步研究。

一、铁路专用线建设标准研究

1. 研究必要性

当前铁路专用线设计标准包括80km/h、60km/h和40km/h三个速度等级。然而，对于长度较短的铁路专用线，列车速度往往很难也没有必要提高到40km/h。因此，本研究旨在探索将铁路专用线设计速度进一步降低至20km/h的可行性，并研究相应的技术标准和维护要求。将铁路专用线的设计速度降低至20km/h，可以显著降低建设和运营成本。为此，研究速度20km/h专用线技术标准，可使其建设成本更低、选线更灵活、综合效益更佳。

2. 研究内容

① 纵断面技术标准。纵断面技术标准的研究主要包括限制坡度、最短坡段长度、竖曲线半径的取值。通过技术标准的降低，线路适应地面起伏变化的能力更强。因最高速度降低，技术标准适当降低不会引起行车安全性问题。同时，因专用线牵引质量一般较小，较大的限制坡度一般不会限制牵引质量。

② 轨道技术标准。降低速度要求后，可以在轨道结构和材料选择上进行优化，减少对高强度轨道材料和精密工艺的需求，从而降低建设成本。研究43kg/m再用轨、50kg/m再用轨的使用标准；研究废弃Ⅰ型枕、Ⅱ型枕、Ⅲ型枕的使用标准及轨枕间距的技术要求；研究固体废弃物（混凝土、砖石、钢渣等）作为道床的技术指标要求。

③ 路基技术标准。由于低速度列车对路基的动态荷载影响较弱，可以选择较为经济的路基处理方法和材料。在确保路基稳定性和承载能力的前提下，研究少占地的路堤填筑高度、路堑开挖深度、较陡的边坡坡度、较窄的路肩宽度等。

④ 桥涵技术标准。对于低速铁路专用线，桥梁和涵洞的设计标准可以放宽，从而减少对复杂结构和高强度材料的需求。研究桥涵的结构形式、设计荷载和施工方

法，确保在降低成本的同时满足安全和耐用性的要求。

⑤线路保养和修理标准。低速铁路对维护和保养的频率及标准有所不同，可能需要降低检查和修理的频率，但仍需确保线路的安全和稳定。研究制定适合低速铁路专用线的保养和修理标准，确保其在长期运营中的安全性和可靠性。

二、铁路专用线接轨国铁路网的运营管理方法研究

1. 研究必要性

在铁路专用线建设中，虽然专用线能够有效解决点到点运输问题，但在专用线接轨国家铁路网后的管理变得尤为复杂。为了确保铁路专用线与国家铁路网的无缝衔接及高效运营，本研究将深入探讨接轨后的设备管理、列车运行管理以及货物装卸管理等方面的方法。研究旨在为铁路专用线的接轨管理提供系统化的解决方案，以提高整体运输效率和服务质量。

本研究将为铁路专用线接轨国家铁路网后的设备管理、列车运行管理和货物装卸管理提供系统化的解决方案。通过建立有效的管理体系、优化运行流程和提高操作效率，旨在实现专用线与国家铁路网的高效衔接，提高整体运输效率，降低运营成本，并提升服务质量。研究的成果将为铁路运输领域的实践提供有力支持，促进铁路专用线和国家铁路网的协调发展。

2. 研究内容

①专用线设备状态管理。铁路专用线接轨国家铁路网后，需要建立健全的设备维护和管理体系。专用线和国家铁路网的设备标准和技术要求存在差异，因此需要进行适配和协调。研究专用线与国家铁路设备的兼容性和运行安全性，研究设备管理、维护和应急处理方法。研究通信、信号和控制系统的协调方法。

②列车运行管理。列车运行管理是确保专用线与国家铁路网高效衔接的核心环节。接轨后的列车运行管理需要协调专用线和国家铁路网的运行调度，以实现列车的顺畅运行。研究专用线列车的发到时刻要求及运行图铺画方法，研究调度计划的排布方法。研究专用线与国家铁路网的有效联动方法、信息共享平台和优化方法。

③货物装卸管理。货物装卸管理也是接轨管理的重要方面。专用线通常负责将货物从生产点运送至铁路主网，因此在接轨后的货物装卸管理中需要解决货物的接收、装载、转运和分配等问题。研究专用线接轨后的货物装卸流程，包括装卸站的

设置、装卸设备的配置和操作标准。研究装卸作业方案的优化方法、时间安排和人员配置等。研究企业物资的跟踪和管理，以提高货物装卸的准确性和透明度。

三、铁路线路末端资产经营管理方法研究

1. 研究必要性

在铁路专用线的建设与运营中，涉及的土地通常包括征地（建设用地）和企业用地（工业用地），这给铁路资产管理带来了一定的难度。由于固定资产的权属划分、过轨费的支付以及线路的维护和管理都是复杂的问题，因此本研究将围绕铁路线路末端资产经营管理的方法进行深入分析，旨在提出系统的解决方案以优化资产管理、提高运营效率。

通过建立合理的资产管理制度、优化过轨费收费机制和完善维护管理方法体系，旨在提高铁路专用线的运营效率和管理水平，促进铁路运输的高效、安全和可持续发展。研究的成果将为铁路专用线末端资产经营管理提供系统化的解决方案，对相关领域的实践具有重要的指导意义。

2. 研究内容

① 固定资产权属划分方法。铁路专用线的建设用地和企业用地往往具有不同的权属和管理要求。征地通常属于公共性质的资产，由政府或铁路部门负责管理和维护；而企业用地则由企业所有，主要用于工业生产和其他商业活动。由于两者在权属和使用上的差异，如何科学合理地划分固定资产权属成为一个关键问题。本研究将探讨如何对专用线沿线的固定资产进行准确划分，包括线路设施、站点建筑、桥涵和相关配套设施等。通过建立详细的资产清单和权属登记系统，可以明确各类资产的归属和管理责任，确保资产的合法性和有效利用。

② 过轨收益分配管理方法。企业过轨费的支付方法是一个重要的问题。过轨费是企业为使用铁路专用线（非企业自建）或经过铁路主网所需支付的费用，这些费用通常涉及轨道使用、维护和管理等方面。研究将分析过轨费的合理定价机制，考虑企业的实际运营情况和运输需求，制定公平合理的收费标准。研究过轨费的支付方式和结算流程，包括预付、按次结算或长期合同等形式，以确保费用的及时收取和管理。研究如何通过信息化手段来实现过轨费的自动化计费和结算，提高收费的准确性和透明度。

第三节　技术创新研究展望

综合本书前述研究成果，本课题研究人员认为，从地方政府（含代表地方政府出资的企业）、铁路投资企业、地方性铁路运输企业层面来看，可从以下六个方面立项课题做进一步研究。

一、产业园区铁路专用线的建设模式与线路设计方法研究

1. 研究必要性

在建设产业园区或企业群的铁路专用线时，需要全面考虑地形环境数据、空间位置以及生产和物资运输的时空特征。地方政府出资建设专用线不仅能促进产业园区的经济发展，还能提高企业群的运输效率。为此，本研究将深入探讨产业园区（企业群）铁路专用线的建设模式与线路设计方法，涵盖选线设计、轨道结构形式、运营组织和安全管理等方面。

通过科学的选线设计、合理的轨道结构选择、优化的运营组织和严格的安全管理，旨在提供系统的建设方案，提升铁路专用线的功能和效率。研究的成果将为地方政府和企业在专用线建设项目中的决策提供有力支持，推动产业园区和企业群的运输系统优化，提高整体经济效益和社会效益。

2. 研究内容

① 产业园区（企业群）专用线建设管理模式。地方政府出资建设产业园区或企业群的铁路专用线，可以采用多种建设模式。研究政府直接投资建设并运营专用线的模式；研究公私合营模式；研究企业群联合建设经营模式；研究政府财政补贴、税收优惠或贷款支持的建设模式。选择适合的建设模式可以确保专用线项目的可行性和经济性，同时促进地方经济的发展。

② 产业园区（企业群）专用线建设影响因素。搜集产业园区和企业群的地形环境数据是建设铁路专用线的基础。地形数据包括地形图、地质条件和水文信息等。通过分析数据，判定专用线建设的难度、预期收益等。

③ 产业园区（企业群）专用线选线方法。在专用线的选线设计方面，需要考虑产业园区和企业群的生产和物资运输的时空特征。研究生产设施的布局、原材料和产品的流向，以及运输需求的高峰期和低谷期。运输需求影响线路的设计，如曲线

半径、坡度、站点设置等。此外根据运输需求的不同，可以选择合适的轨道结构形式，如槽型轨适用于公路与铁路平面交叉、货物量大、运输不频繁的场景，而普通轨适用于较为平稳的运输需求。设计应确保专用线在高负荷和高频次运输条件下的稳定性和安全性。为提高专用线的企业覆盖程度，不太关注线路走向的顺直，也不一味追求缩短线路长度，其选线主要侧重于"毛细血管"式设计，即线路深入企业的方式及设计方法。

④ 专用线—铁路主网运营组织方法。运营组织的设计同样重要，特别是在铁路专用线与产业园区或企业群的衔接方面。研究将探讨运营计划的制订方法，包括列车调度、货物装卸安排和站点管理。有效的运营组织可以提高运输效率，减少空驶和等待时间，从而降低运营成本并提升服务水平。

二、铁路—能源融合发展研究

1. 研究必要性

在地方性企业中，铁路板块和能源板块的融合发展是一种有效提升资源利用效率和推动绿色低碳转型的模式。本研究将探讨铁路用电与绿色发电的融合发展模式，分析如何通过绿色发电技术支持铁路用电，分析煤矿板块作为铁路运输的主要货源的作业组织模式，以及铁路反哺绿色电力和煤矿的运输组织模式，以促进铁路与能源板块的协同发展。

通过上述研究，可为地方性企业提供铁路与能源板块融合发展的系统化解决方案。重点在于绿色发电技术与铁路用电的融合、煤矿运输的优化作业模式以及铁路对绿色电力和煤矿的反哺作用，旨在提升企业的综合效益，推动绿色低碳发展，实现经济效益和社会效益的双重提升。

2. 研究内容

① 铁路用电与绿色发电的融合技术。铁路系统通常需要大量电力支持，其电力需求量在运输高峰期间尤为显著。绿色发电技术，尤其是风能、太阳能和生物质能等，能够为铁路系统提供清洁电力，从而减少对传统化石能源的依赖。将分析如何将绿色发电技术与铁路用电系统相融合，包括绿色发电设施的建设与运维、发电与用电的匹配以及电力储存与调度技术。具体来说，需要研究如何在铁路沿线建设绿色发电设施，如光伏发电系统和风力发电系统，并将其与铁路电网对接，实现电力

的有效输送和利用。此外，将探讨智能电网技术在绿色发电与铁路用电融合中的应用，确保电力供应的稳定性和可靠性。

②煤炭为主要货源的组织模式。煤矿是铁路运输的重要货物来源，其运输效率直接影响煤矿的生产和供应链的稳定性。地方铁路企业的产运销一体化，以及产运销过程的能源自供，可保障铁路企业（或铁路板块）的效益最大化。研究煤炭为主要货源的运输调度优化方法，利用现代化的物流管理技术和数据分析工具实现运输任务的精准调度和资源的优化配置。

③煤矿开采—运输联动机制。铁路在绿色电力和煤炭运输组织中起到重要反哺作用。铁路可提供煤炭运输以支持火电生产，但是其牵引能源可能依赖绿色电力（风电和光伏发电）。研究铁路运输所需绿色电力的分配，研究煤炭运输能力，研究铁路运输组织调度、物流链的管理和货物的装卸流程。分析铁路运输与绿色电力生产和煤矿开采的联动机制，建立高效的物流组织模式，确保煤矿资源的稳定供应和绿色电力的可靠传输。

④铁路—能源融合发展的政策支持建议。研究如何通过政策和管理措施来促进铁路与能源板块的融合发展。政策支持如财政补贴、税收优惠和绿色金融等可以有效推动绿色发电技术的应用和铁路系统的升级改造。提出具体的政策建议和管理方案，以支持铁路与能源板块的协同发展，实现资源的综合利用和可持续发展。

三、零碳车站关键技术研究

1. 研究必要性

在铁路车站建设与运营中，推动零碳目标的实现是关键任务之一。新建车站的选址优化涉及综合考虑地形地貌、交通便捷性、环境影响及土地利用等因素。绿色低碳建材的应用对于减少建筑的碳足迹至关重要，研究将探讨使用再生材料、低碳水泥和高性能绝热材料，以降低建筑的环境影响。节能低碳建设技术如高效建筑节能系统、智能照明、空调系统以及雨水回收系统也将纳入研究，以降低车站的能源消耗。超低能耗建筑设计技术将集中在优化建筑外立面、提高保温性能、利用自然采光和通风等方面，以确保车站在运营期间的能源需求最小化。

通过上述研究，将为零碳车站的建设与运营提供系统化的技术方案，推动绿色低碳发展，实现环保效益最大化，并为相关领域提供实践指导。

2. 研究内容

① 铁路车站低功耗智能感知与绿色电力直供技术。低功耗智能感知技术的研究包括使用先进传感器、物联网（Internet of Things，IoT）设备和数据分析系统，实时监测车站的环境条件、能源使用情况和设备运行状态，以精准控制能源消耗，减少浪费，提高运营效率。绿色电力直供技术涉及将绿色电力（如风能、太阳能）直接供应给车站的用电系统。研究将探讨绿色电力的生产与存储技术、绿色电力与车站电网的对接技术以及智能电网应用，以实现车站电力需求由可再生能源直接满足，降低碳排放。

② 车站绿色能源自供技术。对于既有车站的改造和升级，研究可再生能源设施，如屋顶光伏发电系统、地热能利用和风力发电装置的集成方法。通过评估技术的适应性和经济性，制定合理的开发和利用方案。研究如何在车站中利用废热和余热进行能源回收和再利用，以提高能源利用效率。

③ 碳排放智慧管控技术。智慧管控包括建立实时碳排放监测系统，通过传感器和数据分析技术监控车站的碳排放水平，并通过智能控制系统进行动态调整和优化。资源利用技术将包括智能能源管理、能源回收系统和废物分类处理，以最大化资源利用效率。

④ 碳汇能力提升技术。碳汇能力包括车站周边绿化的规划与实施，如种植吸碳植物、建设城市绿地和绿化屋顶等，来提高碳汇能力、减轻碳排放负担。

四、绿电—生态—智能融合铁路运维综合技术研究

1. 研究必要性

在铁路系统中，将绿色电力、生态保护和智能技术融合，是实现其可持续发展目标的关键。绿色电力在铁路系统中的应用可显著降低碳排放，但其与生态环境的融合是关键挑战之一。本研究将探讨如何将绿电、生态和智能技术有效结合，形成一套完整的铁路运维综合技术方案。该方案将实现绿色电力的高效利用，确保对生态环境的影响最小，并通过智能管理提升运营效率。建立一个集成的数据平台，将绿色电力、生态保护和智能管理的数据进行汇集，以提供全面的数据支持和分析依据。综合技术方案可推动铁路系统在绿色电力应用、生态保护和智能化管理方面的全面提升，促进铁路运维的可持续发展。

2. 研究内容

① 绿色电力与智能的融合。智能铁路需要耗费大量的数据感知端电能，绿电是其能源的主要供给方式。研究绿色能源数据分析和预测算法，确保绿色电力的高效利用。研究适合铁路的分布式绿电储能技术，如电池储能系统，以平衡绿色电力的供需波动，提高系统的稳定性。

② 生态与绿色电力的融合。研究少占绿色、多用建筑表面的光伏发电模式，如研发光伏声屏障、加挂于支挡结构表面的光伏发电系统、采用沿线铁路占地的风电等，降低铁路设施固碳能力损失值，提高绿电比重。

③ 生态与智能的融合。生态与智能技术的融合着眼于如何利用智能技术促进生态保护。智能传感器网络可以实时监测生态环境的变化，如空气质量、水质和土壤湿度，并通过机器学习和数据分析技术预测生态变化趋势，制定科学的保护措施。铁路系统中的生态监测系统将用于评估铁路运营对生态系统的影响，并优化环境保护措施，通过智能化的环境保护管理减少对生态的干扰。

五、低成本—低碳—低速铁路建设综合技术研究

1. 研究必要性

本研究致力于探索低成本、低碳、低速铁路建设的综合技术，重点研究 20km/h 铁路专用线的建设技术。该领域的研究将涵盖再用轨的整修与再利用技术、废弃混凝土轨枕的处理与再利用技术、钢渣等废弃材料作为道床材料的利用技术、线路设施施工质量控制的关键技术，以及适用于 20km/h 铁路线路的运营维护技术。

本研究将通过对再用轨、废弃混凝土轨枕、钢渣等废弃材料的利用技术，以及施工质量控制和运营维护技术的深入探讨，形成一套低成本、低碳、低速铁路建设的综合技术方案。综合技术方案不仅能够有效降低建设和运营成本，还能减少环境影响，实现铁路专用线建设的可持续发展。

2. 研究内容

① 再用轨的整修和再利用技术。研究将聚焦于如何有效修复再用钢轨材料，如何使用修复后的钢轨，以降低建设成本和资源消耗。具体技术包括钢轨的检查与评估、损伤修复技术、重新加工和铺设工艺。通过采用先进的检测和修复技术，确保再用轨的结构服役能力和安全性能可满足 20km/h 铁路专用线的要求，同时降低新

轨的需求，减少资源浪费。

②废弃混凝土轨枕的处理和再利用技术。研究如何对废弃的混凝土轨枕进行修复、改造和再利用。研究混凝土轨枕的状态评估、修补技术。研究将致力于开发高效、低廉、简便的修复方法，以延长轨枕的使用寿命，减少废弃物产生，并实现资源的循环利用。

③钢渣等废弃材料作为道床材料的利用技术。研究如何将钢渣等废弃材料转化为铁路道床的填充材料。钢渣作为一种高强度、耐磨的材料，具有良好的物理性质和环保特性。研究钢渣的适用性，包括其物理化学特性、与碎石道砟的兼容性、处理和使用技术等。探索其他废弃材料的应用方法，如炉渣、废弃砖块等，以进一步降低建设成本并降低环境负担。

④基于再用轨料的施工质量控制关键技术。研究如何在施工过程中确保再用（或废弃）轨道材料的质量，提出轨道材料的质量控制标准。研究施工过程中的质量控制措施以及施工后的检测验收标准。通过制定严格的质量控制规范，确保专用线轨道的性能和安全性满足设计标准，保障铁路的运营稳定性。

⑤20km/h铁路线路的运营维护技术。尽管低速铁路对维护要求较低，但仍需确保铁路的正常运行和安全。研究低速铁路的日常维护和检修技术，如轨道检查、道床维护、设备保养等，制订适合低速铁路的维护计划和操作规程。同时，考虑到低速铁路的特殊运营特点，研究开发低廉、高效的故障诊断和处理技术，提高维护效率，延长铁路设施的使用寿命。

六、固碳能力补偿机制下铁路建设模式研究

1. 研究必要性

本研究旨在探讨铁路建设在固碳能力损失与异地补偿固碳能力要求下的建设模式，涵盖环境评估、碳汇计算、项目立项、建设管理和效益评估等方面的方法与技术。通过对固碳能力补偿机制的研究，可为铁路建设提供科学的决策支持，实现环境保护与铁路发展之间的平衡。

本研究可从环境评估、碳汇计算、项目立项、建设管理和效益评估等多个方面，深入探讨固碳能力补偿机制下的铁路建设模式。通过科学的技术手段和管理方法，旨在实现铁路建设过程中的固碳能力损失最小化，并有效实施异地补偿，推动铁路建设的可持续发展。

2. 研究内容

① 基于固碳能力理念的环境评估方法。环境评估是研究的起点，旨在全面评估铁路建设对固碳能力的影响。环境评估过程包括对拟建铁路线路的生态环境现状进行调查，分析建设过程中对土地、植被、土壤等的影响。采用生态影响评估技术，量化评估项目可能引发的固碳能力损失。具体方法包括地形地貌分析、生态功能评价、植被覆盖度监测等，以全面了解铁路建设对固碳能力的潜在影响。

② 铁路建设项目碳汇计算方法。碳汇计算是为了确定铁路建设对固碳能力的实际影响，并为异地补偿提供数据支持。研究构建碳汇计算模型，量化铁路建设区域的固碳能力损失，并计算生态恢复或替代方案可能带来的碳汇收益。通过对现有数据的分析和模型的应用，确定铁路建设过程中固碳能力的具体损失量，为补偿措施的制定提供依据。

③ 固碳能力在项目立项中的影响。在项目立项阶段，将结合环境评估和碳汇计算的结果，提出符合固碳补偿要求的铁路建设方案。立项方案包括明确项目的环境保护措施、固碳能力补偿计划和项目可行性分析。研究立项流程的详细制定方法，确保所有环境和碳汇要求在项目初期得到充分考虑，并纳入项目审批和管理中。立项过程还包括与相关部门和公众的沟通，确保项目的透明度和公众参与。

④ 基于固碳理念的建设管理。建设管理阶段的核心在于实施有效的固碳能力保护和补偿措施。研究建设过程中如何减少对固碳能力的负面影响，采取措施如植被恢复、土壤保护、生态工程设计等。同时，研究建设管理计划制订的具体方法，包括施工期的环境监测、固碳能力损失的实时评估、环境保护措施的实施等。通过引入智能监控技术和环境管理系统，实时跟踪对环境的影响，确保补偿措施的有效执行。

⑤ 固碳效益评估。效益评估是对铁路建设项目实施后的环境和碳汇效果进行评估。分析铁路建设对固碳能力的实际损失与补偿效果，通过对比建设前后的固碳能力数据评估补偿措施的有效性。评估方法包括生态恢复效果评估、长期监测和数据分析。研究制定详细的效益评估指标和方法，评估补偿措施的经济效益和环境效益，为未来的铁路建设项目提供参考。

⑥ 固碳能力补偿机制。研究并提出建立和优化补偿机制的策略。补偿机制包括异地生态补偿、生态恢复项目的实施、碳交易市场的参与等。探讨不同类型补偿措施的适用性和效果，制定合理的补偿标准和流程，确保固碳能力的有效补偿。评估政策支持和市场机制对补偿机制实施的影响，提出优化建议，以实现铁路建设与环境保护的双赢。

第十章　河北省铁路绿色发展实践

河北省在铁路绿色发展方面取得了显著成效，通过推动"公转铁"运输、应用新技术及推动铁路行业低碳发展等措施，为构建绿色低碳的交通运输体系做出了积极贡献。

第一节　河北省"双碳"形势

一、河北省能源消费整体情况

河北省存在煤炭资源相对丰富，石油、天然气资源匮乏的格局和现状。河北省是制造业大省，形成了以钢铁、煤炭、化工、制造等资源消费类行业为主的发展格局。[1] 长期的资源消耗型和能源消费型的产业结构决定了其资源消耗高、污染排放大的粗放型经济发展方式。[2] 这种能源储存结构和产业特点也就决定了河北省的能源消费结构是以煤炭资源为代表的一次能源为主，使得碳排放形势十分严峻。

二、河北省能源消费结构

近十年来，河北省一次能源生产总量呈下降趋势，随着对大气污染治理工作的开展，河北省的能源生产结构不断优化，原煤生产量所占比重持续降低，一次电力及其他能源的生产量和所占比重不断上升，风电、太阳能发电快速发展。根据《河北统计年鉴》和《中国能源统计年鉴》统计数据，整理可得如表10-1和表10-2所示河北省近十年一次能源生产总量及构成、河北省近二十年能源消费总量及构成数据表。图10-1是河北省近二十年能源消费结构示意。

表 10-1　河北省近十年一次能源生产总量及构成

年份	一次能源生产总量/万吨标准煤	占一次能源生产总量的比例/%			
		原煤	原油	天然气	一次电力及其他能源
2012	9560.46	84.57	8.73	1.82	4.89
2013	6956.42	76.95	12.14	2.98	7.93
2014	6801.01	75.42	12.44	3.42	8.72
2015	7096.14	77.39	11.68	1.95	8.97
2016	6744.22	72.81	11.56	1.53	14.10
2017	6776.50	67.33	11.37	2.98	18.32
2018	6487.25	64.91	11.83	1.26	22.00
2019	6334.39	57.28	12.40	1.23	29.09
2020	6763.84	53.56	11.48	1.10	33.86
2021	6949.53	51.00	11.19	1.01	36.80
2022	7339.50	46.00	10.10	0.97	42.93

（数据来源：河北统计年鉴 2023）

注：截至 2024 年 12 月，尚未见河北统计年鉴 2024。

表 10-2　河北省近二十年能源消费总量及构成

年份	能源消费总量/万吨标准煤	占能源消费总量的比例/%			
		煤炭	石油	天然气	一次电力及其他能源
2005	19 835.99	91.82	7.45	0.61	0.12
2010	26 201.41	89.71	7.75	1.51	1.03
2013	29 664.38	88.69	7.22	2.23	1.86
2014	29 320.21	88.46	6.98	2.54	2.02
2015	31 036.73	88.83	5.99	3.13	2.05
2016	31 458.05	87.33	6.23	3.42	3.02
2017	32 082.56	86.05	6.14	3.94	3.87
2018	32 185.24	83.61	6.47	5.49	4.43
2019	32 545.43	81.96	5.86	6.61	5.57
2020	32 782.76	80.51	5.67	7.00	6.82
2021	32 590.07	76.58	6.63	7.59	9.20
2022	32 538.48	73.44	6.61	8.24	11.71

（数据来源：中国能源统计年鉴、河北统计年鉴）

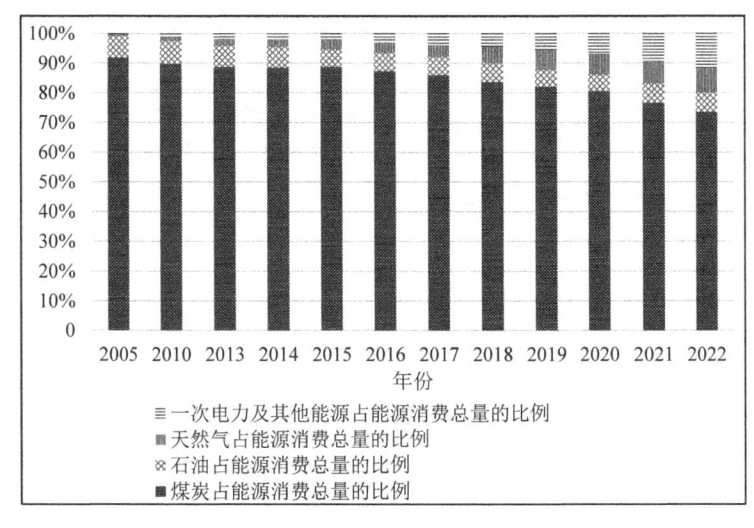

图 10-1　河北省近二十年能源消费结构

根据表 10-1、表 10-2 和图 10-1，经分析可以看出，2005—2022 年近二十年间，河北省能源消费总量增长速度逐渐减缓，但是在总量上仍旧呈现出持续上升的趋势，2022 年较 2005 年能源消费总量增加 12 702.49 万吨标准煤，增长幅度约为 64%。其中 2014 年出现了消费总量下降，但是在随后的 2015 年又恢复了持续增长的局面。进一步分析能源消费组成可以得出，煤炭消费始终占据能源消费的主导地位，仅在 2021 年和 2022 年出现占比低于 80%，其余年份均占比超过 80%，根据《河北省碳排放预测与达峰路径研究》一文数据，全国煤炭消费平均占比为 67%，可见河北省煤炭消费远高于全国平均水平。[3] 随着近年来不断增强环境治理，各地实行煤改电、煤改气等政策，天然气和一次电力及其他能源的消费量大幅增长，煤炭的消费量逐渐降低，2021 年和 2022 年煤炭消费出现较大幅度降低，体现出河北省着力实现"双碳"目标的决心和努力。石油消费占比总体呈现稳定的局面，天然气消费总量和占比均保持持续增长趋势，并以 2019 年为拐点超越石油消费，这在一定程度上实现了减排减碳。一次电力及其他能源总体呈现出增长的趋势，并且增长势头迅猛，于 2020 年超过石油消费量，于 2021 年超过天然气消费量，成为第二消费能源。

能源消费具体到消费端主要分为农、林、牧、渔业，工业，建筑业，交通运输、仓储和邮政业，批发零售业，其他第三产业和居民生活消费。根据《河北统计年鉴》和《中国能源统计年鉴》统计数据，整理可得河北省近二十年行业能源消费总量及构成数据如表 10-3 所示。图 10-2 为河北省近二十年行业能源消费的结构示意。

表 10-3　河北省近二十年行业能源消费总量及构成

单位：万吨标准煤

年份	农、林、牧、渔业	工业	建筑业	交通运输、仓储和邮政业	批发零售业	其他	生活消费
2005	532	15 852	203	710	205	465	1870
2010	713	20 563	319	971	304	716	2615
2013	574	23 389	265	1162	565	829	2881
2014	625	22 785	253	1109	639	911	2997
2015	497	24 324	276	1049	704	998	3188
2016	648	22 014	312	1286	772	1134	3628
2017	675	22 507	315	1215	977	892	3806
2018	530	24 110	297	1263	870	1107	4009
2019	560	24 026	294	1377	862	1328	4098
2020	504	23 942	239	1141	812	1243	4902
2021	504	23 059	253	1298	955	1408	5112
2022	506	22 646	248	1237	980	1541	5380

（数据来源：中国能源统计年鉴、河北统计年鉴）

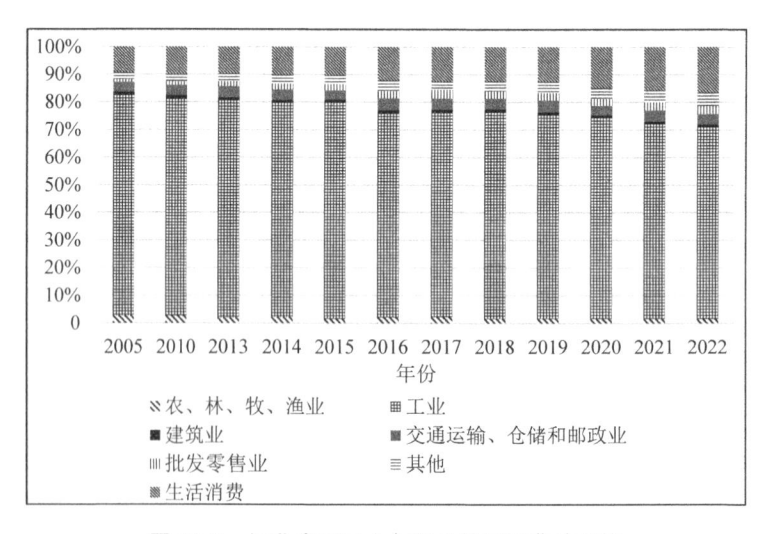

图 10-2　河北省近二十年行业能源消费的结构

从表 10-3 和图 10-2 可以看出，河北省长期以来均以工业消费为主，工业能源消费占比总体呈现逐年下降的趋势，也存在部分年份的小幅度上涨。除 2022 年外，工业能源消费均保持在70%及以上的占比。农、林、牧、渔业作为第一产业的代表，其能源消费占比常年稳定在2%以下，且能源消费占比呈现出逐年下降的总体趋势。建筑业与工业同属第二产业，建筑业较工业能源消费占比相对较低，占总体能源消费的1%左右，且变化幅度不大。交通运输、仓储和邮政业属于第三产业范畴，同属第三产业的还有批发零售业以及其他第三产业。[4] 批发零售业虽然占比逐年增加，但是仍旧位于第三产业中的最后位置；交通运输、仓储和邮政业以及其他第三产业则以2020年为分界，2020年以前交通运输、仓储和邮政业占比较大，2020年以后其他第三产业逐渐超越交通运输、仓储和邮政业，位居第三产业能源消费首位。

三、河北省碳减排形势

河北省总体呈现出能源消费结构不均衡、高能耗企业占比大、碳排放形势严峻以及减碳任务重的特点。

河北省的能源消费结构中，煤炭、石油、天然气等化石能源占比较大，而清洁能源的占比相对较小。化石能源在燃烧过程中会产生大量的二氧化碳等温室气体，导致碳排放总量较高。

河北省在产业结构上，工业占据了重要地位，其中重工业是主要支撑，高能耗企业分布在钢铁、矿产、火力发电等多个行业，其生产过程中需要大量消耗能源，产生较多的碳排放，还会因生产工艺等原因产生大量的碳排放。

由此，河北省碳排放总量较大，具有较为严峻的碳排放形势和面临较重的减碳任务。

第二节　河北省铁路及碳排放现状

一、河北省境内铁路概况

1. 总体概况

截至2023年年底，河北省全省铁路通车里程达到8477千米，跻身全国前三行列，已建成的铁路以京津地区为重点的环绕线和以石家庄为中心的放射线为主，此外还存在一定数量的地方铁路。

河北省既有铁路线路主要包括客货共线铁路、货运专线铁路和客运专线铁路。

客货共线铁路包括京沪线、京九线、京广线、京原线、京包线、京通线、京承-锦承线、京哈线等环绕北京的线路；津山线、津霸线等环绕天津的线路；石太线、石德线等以石家庄为中心的放射线等；除京承-锦承线外，均已实现（或在建）电气化建设。货运专线铁路包括以大秦线、朔黄线为代表的重载铁路；以邯黄线、唐呼（张唐）线为代表的区域性铁路和以邯黄铁路、邢和铁路为代表的地方货运铁路等。客运专线铁路包括京沪高铁、秦沈客运专线、石太客专、京广高铁、石济客专、京沈高铁河北段、京张高铁（含崇礼支线）、张呼客专在内的"八纵八横"高速铁路主通道的重要组成部分；还有津秦高铁、津保铁路、张大客专等客运专线，通车总里程约1529千米，暂居全国第13位。

2. 河北省铁路建设"十四五"规划进展

河北省铁路建设"十四五"规划目标明确、重点突出。"规划"立足于支撑和保障加快建设现代化经济强省、美丽河北，着眼于构建安全、便捷、高效、绿色、经济的现代化综合交通运输体系。发展目标为至"十四五"末，全省铁路营运里程力争达到9000千米，高铁里程突破2500千米，助力基本形成"轨道上的京津冀"。这一目标将大大提升河北省的铁路覆盖率和运输能力，加强与周边省市的互联互通。规划重点为完善出省高铁通道、推进城际铁路建设、提高普速铁路运能和打造综合交通枢纽。

截至2023年年底，开通的高铁约15条，设计时速350千米的高铁共8条，总里程超1800千米。目前正在进行的重点项目包括石雄高铁、雄忻高铁、雄商高铁等。石雄高铁已于2024年12月底开工，预计2028年6月建成通车；雄忻高铁正在全力推进中，进展显著；雄商高铁已开工建设。除上述重点铁路项目外，河北省还在积极推进其他铁路及交通基础设施的建设。

3. 河北省铁路建设"中长期铁路网规划"进展

根据"中长期铁路网规划"（2016—2030年），涉及河北省远期规划的项目主要有聊邯长城际铁路、环渤海城际天津至秦皇岛段、承德至秦皇岛铁路、唐遵城际铁路、北京西环城际铁路等。随着2017年雄安新区规划出台，河北省铁路规划发生了较大变化，原2016年获批的《京津冀城际铁路网规划（2014—2030年）》中京石、固保城际铁路的规划均被京雄（高速铁路，2020年开通）、石雄城际铁路（国铁Ⅰ级，在建）所取代。截至2024年8月，河北省其他在建及计划开工项目主要有京雄商高铁、雄忻高铁、津潍高铁、石雄城际、太锡铁路等。

4. 河北省地方铁路概况

河北省境内主要的地方铁路线路包括邯黄铁路、邢和铁路、朔黄铁路、大宋铁路等，地方铁路为河北省地方经济发展做出了重要贡献。

邯黄铁路是河北省内的一条以煤炭运输为主、兼顾客货运输为辅的区域性干线铁路，对拓展黄骅港腹地、增强港口集疏运能力、带动冀中南地区快速发展以及推动黑龙港地区脱贫攻坚具有非常重要的意义。

邢和铁路是国家中长期铁路网规划项目和国家"公转铁"战略实施的关键项目，对于促进晋煤外运、加强河北和山西两省经济交流发展具有重要意义。

朔黄铁路西端与神朔铁路相连，沟通陕北蒙南能源基地与渤海出海口黄骅港，构成中国西煤东运第二大通道，可保证华东、东南地区能源供应，扩大中国煤炭出口能力。

大宋铁路的建设和运营对于促进河北省地方经济的发展具有重要意义。它不仅为周边地区提供了便捷的货物运输通道，还带动了相关产业的发展和就业机会的增加。

二、河北省铁路碳排放现状

交通运输行业产生的碳排放已经成为我国温室气体排放的重要来源之一，成为"双碳"目标实现的重要阻力。在铁路运输行业，燃煤、燃油等传统一次能源使用造成了二氧化碳等温室气体的大量排放。

现对河北省2011—2020年铁路运输碳排放量进行测算，以分析铁路碳排放现状及发展趋势。

我国铁路牵引主要是内燃牵引和电力牵引，消耗的主要能源分别是柴油和电力。对河北省铁路运输碳排放量的测算包括客货运营过程中能源消耗产生的二氧化碳排放量。

1. 碳排放测算方法

采用IPCC在2006年《IPCC国家温室体清单指南》中提供的CO_2排放估算方法，如式（10-1）所示：

$$E = \sum_i \text{EF}_i \cdot V_i \qquad (10\text{-}1)$$

式中：E 表示铁路运输碳排放量；i 表示能源类型；EF_i 表示第 i 种能源的碳排放因子；V_i 表示第 i 种能源的消耗量。

采用单位周转量能耗数据和相应的周转量估算能源的消耗量，如式（10-2）所示：

$$V_i = Z_i \cdot X_i \qquad (10\text{-}2)$$

式中：Z_i 表示消耗第 i 种能源的铁路机车的单位周转量能耗；X_i 表示消耗第 i 种能源的河北省铁路机车完成的周转量，包括旅客周转量和货物周转量。

2. 碳排放因子选取

参考文献《京津冀地区铁路运输碳排放特征和减排潜力研究》，柴油碳排放因子取值为 3.145 tCO_{2e}/t。[5] 华北区域电力排放因子参考 VOCs 前沿发布的《中国区域电网基准线排放因子》中华北区域电网基准线排放因子的数据，数据中的电量边际排放因子（OM）为电网系统中除低成本/必须运行机组外的其他所有发电机组的单位供电量排放因子；容量边际排放因子（BM）为燃煤、燃气、燃油、垃圾焚烧发电"新增电厂"样本采用当年商业化最佳技术的供电热效率计算得到的单位电量排放因子，如表10-4所示。

表10-4 华北区域电网基准线排放因子

单位：tCO_2/MWh

年份	OM	BM	平均值
2006	1.0585	0.9066	0.9826
2007	1.1208	0.9397	1.0303
2008	1.1169	0.8687	0.9928
2009	1.0069	0.7802	0.8936
2010	0.9914	0.7495	0.8705
2011	0.9803	0.6426	0.8115
2012	1.0021	0.5940	0.7981
2013	1.0302	0.5777	0.8040
2014	1.0580	0.5410	0.7995
2015	1.0416	0.4780	0.7598

续表

年份	OM	BM	平均值
2016	1.0000	0.4506	0.7253
2017	0.9680	0.4578	0.7129
2018	0.9455	0.4706	0.7081
2019	0.9419	0.4819	0.7119
2020	0.9408	0.4490	0.6949
2021	0.9714	0.4701	0.7208
2022	0.9704	0.3629	0.6667
2023	0.9350	0.3020	0.6185

3. 数据来源

关于数据来源，铁路内燃机车单位周转量能耗和电力机车单位周转量能耗数据来源于《中国铁道年鉴2022》，如表10-5所示；河北省铁路旅客周转量和货物周转量数据来源于《河北统计年鉴2023》，如表10-6所示；铁路内燃机车和电力机车完成的客货运周转量根据《中国铁道年鉴2022》中内燃机车和电力机车工作量（见表10-7）的比例估算得出。

表10-5　内燃机车单位周转量能耗和电力机车单位周转量能耗

年份	内燃机车单位周转量能耗/（千克/万吨公里）	电力机车单位周转量能耗/（千瓦时/万吨公里）
2011	26.5	100.58
2012	26.8	102.07
2013	27.3	101.89
2014	27.2	103.26
2015	27.7	106.84
2016	29.3	109.17
2017	31.0	107.47
2018	32.4	105.21
2019	36.0	106.36
2020	36.4	107.90
2021	37.7	108.11

注：截至2024年12月，尚未见中国铁道年鉴2023。

表 10-6　河北省铁路旅客周转量、货物周转量与换算周转量

年份	旅客周转量 / 亿人公里	货物周转量 / 亿吨公里	换算周转量 / 亿吨公里
2011	784.50	4104.69	4889.19
2012	791.03	4180.88	4971.91
2013	867.18	4489.73	5356.91
2014	985.91	4444.78	5430.69
2015	944.43	3633.01	4577.44
2016	993.55	3704.47	4698.02
2017	1042.72	4278.36	5321.08
2018	1061.40	4831.57	5892.97
2019	1089.54	4937.18	6026.72
2020	520.47	4972.05	5492.52
2021	615.67	5395.40	6011.07
2022	345.37	5505.97	5851.34

表 10-7　铁路内燃机车和电力机车工作量

年份	内燃机车工作量 / 万吨公里	电力机车工作量 / 万吨公里	内燃机车工作量 占比 /%	电力机车工作量 占比 /%
2011	144 558 227	329 888 258	30.47	69.53
2012	130 620 801	337 030 622	27.93	72.07
2013	113 762 419	347 657 392	24.65	75.35
2014	97 722 887	342 706 395	22.19	77.81
2015	77 502 668	318 500 862	19.57	80.43
2016	70 321 795	322 677 845	17.89	82.11
2017	64 058 998	367 463 087	14.84	85.16
2018	53 051 559	392 945 730	11.90	88.10
2019	45 232 074	405 473 311	10.04	89.96
2020	39 831 921	387 470 986	9.32	90.68
2021	36 507 352	413 582 394	8.11	91.89

4.碳排放测算结果及数据分析

根据式（10-1）、式（10-2）和表10-4~表10-7所列相关数据，测算得到2011—2021年河北省铁路运输碳排放量，如表10-8所示。

表10-8　河北省铁路运输碳排放量

单位：万吨

年份	铁路内燃机车碳排放量	铁路电力机车碳排放量	总碳排放量
2011	124.16	277.47	401.63
2012	117.04	291.90	408.94
2013	113.37	330.66	444.03
2014	103.09	348.85	451.94
2015	78.04	298.86	376.90
2016	77.45	305.44	382.89
2017	76.99	347.18	424.17
2018	71.46	386.78	458.24
2019	68.51	410.51	479.02
2020	58.60	373.45	432.05
2021	57.76	430.50	488.26

由表10-8可知，2011—2021年河北省铁路内燃机车碳排放量呈下降趋势，2021年比2011年下降了53.5%。随着铁路内燃机车数量的减少和内燃机车工作量比重的降低，能源消耗量也逐渐降低。2011—2021年河北省电力机车碳排放量呈上升趋势，在2021年间接碳排放量为430.5万吨，达到最大值。河北省铁路内燃机车的碳排放量得以降低，与相关碳减排政策的贯彻执行以及机车的更新换代密不可分，这反映出河北省在推进绿色发展方面的措施得到了有效的实施。

经计算分析，河北省在2019年、2020年及2021年的铁路运输间接碳排放量占比分别为85.7%、86.4%和88.2%。相关数据显示，铁路运输碳排放量的逐年上升趋势，揭示了高碳排放的公路运输向低碳排放的铁路运输转移的运量持续增加，这一转变显著提升了社会整体的碳减排效果。

三、河北省绿色铁路发展潜力巨大

根据国家铁路局历年来发布的年度统计公报，我国铁路整体碳排放经历了增长、下降、再增长、再下降的变化过程。2013 年之前，燃煤机车的大量运用造成铁路运输碳排放量居高不下。2013 年开始，随着国家政策的支持和科学技术的进步，燃煤机车开始逐步淡出铁路运输行业并逐渐被淘汰，此后我国铁路运输碳排放量开始呈现下降的趋势并保持稳定。直到 2015 年，我国开始大力发展高速铁路，碳排放总量受到高速铁路运营里程和运量快速增长的影响，又开始上升，此后碳排放总量呈现波动并上升的总体趋势。

河北省既有铁路线路囊括了客货共线铁路、货运铁路和高速、快速铁路等，并且随着京原铁路河北段、京通铁路等电气化改造的完成，河北省铁路将基本实现电气化。根据铁路网中、长期规划，河北省将建成一大批铁路线路。因此，河北省铁路具有数量多、分布广、发展快、潜力大等特点。此外，分析和计算河北省铁路碳排放量可知，其呈现数量和占比均逐年增加的趋势，故碳减排任务增加。

第三节 河北省铁路绿色发展基础

一、河北省电力能源结构

河北省电力结构经历了由传统化石能源向绿色电力的转型。当前，河北省电力供应的主要构成包括煤电、风电、光伏电以及核电，各种能源类型的比例和分布反映了该省在能源转型过程中的努力和挑战。

煤电曾是河北省电力供应的主力。由于煤电在能源密度和经济性上的优势，它长期占据了电力供应的主要份额。然而，随着环保政策的严格和可持续发展目标的推进，煤电的比例逐步降低。与此同时，河北省在绿色电力的推广上取得了显著进展。风电和光伏电作为主要的可再生能源，已经在电力结构中占据了重要地位。

河北省丰富的风能资源主要集中在张家口和承德等城市，使得风电在电力供应中发挥了关键作用。风电在冬季表现尤为突出，因为这一时期的风速较高，能够有效满足冬季的用电需求，但是在夏季时风速要明显低于冬季，因此风力发电的能力也变弱。

河北省石家庄、保定和邯郸等城市的光照资源充足，为光伏发电提供了坚实的基础。夏季光伏电力的生产能力达到高峰，从而能够为夏季的高电力需求提供有力支持，但在冬季光照明显弱于夏季，光伏发电能力也明显下降。综上所述，冬季风电的强劲可以弥补光伏电的不足，而夏季光伏电的高产则与风电的生产低谷形成互补。这种互补性不仅提升了电力供应的稳定性，还增强了对环境变化的适应能力，使河北省在实现绿色电力目标的道路上迈出了坚实的步伐。

水力发电在河北省电力结构中扮演着重要角色，不仅能提供稳定的电力供应，还具备调节能力，可以根据水资源的变化灵活调整发电量。这种调节能力有助于平衡风电和光伏发电的间歇性输出，提高了电力系统的调节能力和应对波动的能力。

核电作为另一种低碳电力来源，在河北省电力结构中也占有一席之地。核电站的建设和运行不仅提供了稳定的电力供应，还减少了碳排放，为能源结构的低碳化做出了贡献。

图 10-3 所示为 2023 年全国电力能源结构。统计数据显示，2023 年我国电力能源结构总体情况为：火力发电 62 657.4 亿千瓦时，占 66.25%；水力发电 12 858.5 亿千瓦时，占 13.60%；风力发电 8858.7 亿千瓦时，占 9.37%；太阳能发电 5844.5 亿千瓦时，占 6.18%；核能发电 4347.2 亿千瓦时，占 4.60%。

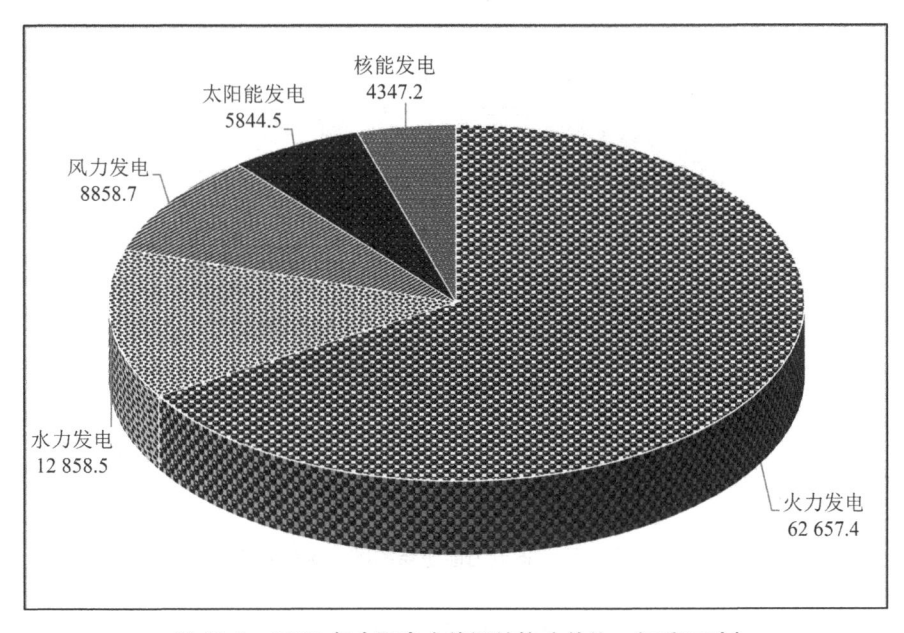

图 10-3 2023 年全国电力能源结构（单位：亿千瓦时）

2023 年河北省发电量累计值为 3736.1 亿千瓦时，相比上年增长 277.8 亿千瓦时，同比增长 8.0%，河北省 2016—2023 年发电总量详情如表 10-9 所示。图 10-4 所示为 2023 年河北省电力能源结构图。

表 10-9 河北省 2016—2023 年发电总量

年份	发电量/亿千瓦时	同比增速/%
2016	2616.8	5.2
2017	2777.3	6.1
2018	3048.4	9.8
2019	3117.7	2.3
2020	3195.8	2.5
2021	3288.6	2.9
2022	3458.3	5.2
2023	3736.1	8.0

（数据来源：国家统计局）

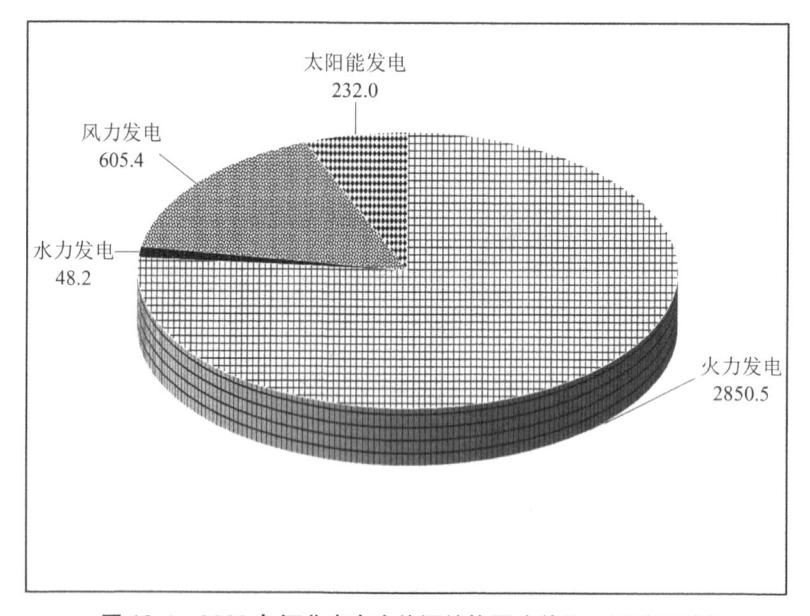

图 10-4 2023 年河北省电力能源结构图（单位：亿千瓦时）

从 2023 年河北省电力能源结构图可以看出，2023 年河北省火力发电量、水力发电量、风力发电量、太阳能发电量分别为 2850.5 亿千瓦时、48.2 亿千瓦时、605.4 亿千瓦时、232.0 亿千瓦时。与 2022 年相比，火力发电量增长了 144.9 亿千瓦时，同比增速 5.4%，占河北省发电量 76.3%；水力发电量增长了 23.4 亿千瓦时，同比增速94.4%，占河北省发电量1.3%；风力发电量增长了53.8亿千瓦时，同比增速9.8%，占河北省发电量16.2%；太阳能发电量增长了55.6亿千瓦时，同比增速31.5%，占河北省发电量6.2%。

总体而言，河北省电力结构的变化体现了对能源多样化和环保要求的响应。不同类型的电力源在时间和季节上的互补性有助于平衡电力供应和需求。

二、河北省绿电产业现状

河北省绿色电力产业整体呈现出快速发展和持续向好的发展态势。一方面，河北省绿色电力领域的总量不断扩大和提升，为区域可持续发展提供了强有力的支撑；另一方面，电力结构日益完善，互补互益，助力电力供应和需求平衡。另外，河北省绿电的发展为铁路系统的供应提供了可能，在推动绿电使用方面已经取得进展。河北省绿电主要是光伏发电和风力发电。

1. 光伏发电

（1）河北省光伏企业分布及其发电量

河北省的光伏企业分布广泛，主要集中在一些具有优越地理条件和政策支持的地区。例如，张家口坝上地区就是光伏企业密集分布的一个区域，这里的大型光伏电站如南大港光伏电站、尚义光伏电站等，都是河北省光伏产业的重要组成部分。此外，临城、迁西、行唐、巨鹿、平山等地也建有光伏电站，显示出河北省光伏产业的广泛布局。

具体到企业层面，中核汇能河北新能源有限公司在河北省内拥有多家运行电站，是河北省光伏产业的重要参与者之一。同时，华能、河北交投、国家能源集团、晶澳、三峡等大型企业也在河北省的光伏项目中扮演重要角色。这些企业凭借自身的技术实力和市场资源，在河北省的光伏产业中发挥着引领作用。

河北省的光伏发电量在全国处于领先地位。根据最新数据，河北省以232亿千瓦时的发电量稳居全国光伏发电量的前列。这一成就得益于河北省优越的地理条件、广泛的光伏产业基础设施以及政府的有力支持。

河北省的光伏发电量持续增长，不仅推动了当地清洁能源的快速发展，也为全国的能源结构转型和绿色发展做出了重要贡献。随着技术的进步和政策的不断完善，河北省的光伏产业有望在未来继续保持快速增长的态势。

（2）河北省光伏发电供应企业概况

河北省光伏发电供应企业包括大型央企及国企、地方国企及民营企业、其他知名企业。大型央企及国企包括华能、国家能源集团和国家电投。华能作为中国五大发电集团之一，在河北省的光伏发电项目中占据重要地位，拥有多个大型光伏电站项目；国家能源集团同样作为大型央企，在河北省的光伏发电领域也有显著贡献，其项目遍布全省多个地区；国家电投在河北省的光伏发电市场中也是重要的参与者之一，其项目规模和发电量均居前列。地方国企及民营企业包括河北交投、晶澳和特变电工。河北交投作为河北省的地方国企，在光伏发电领域也有不俗表现，其项目主要集中在省内交通沿线等区域；晶澳作为光伏行业的领军企业之一，在河北省的光伏发电市场中占据一定份额，其产品质量和技术水平均处于行业前列；特变电工在光伏发电领域也有广泛布局，其项目涉及包括河北省在内的多个省份。其他知名企业包括隆基、金风、中国电建等，这些企业在全国乃至全球的光伏发电市场中都享有盛誉，它们在河北省的项目也颇具规模。

此外，还有一些专注于光伏发电技术研发、设备制造及系统集成的企业，如保定嘉盛光电科技股份有限公司、唐山海泰新能科技股份有限公司等，它们为河北省的光伏发电产业提供了强有力的技术支持和设备保障。

河北省的光伏发电供应企业远不止这些，随着光伏发电技术的不断进步和政策的持续支持，河北省的光伏发电产业将会迎来更加广阔的发展前景。这些企业在光伏发电项目的建设、运营和维护过程中，不仅注重经济效益的提升，还积极履行社会责任，推动绿色能源的发展和应用，为河北省乃至全国的可持续发展做出了重要贡献。

2. 风力发电

河北省风电企业主要有国家电投、华能和其他。国家电投在河北省的风电项目中占据重要地位，涉及的项目容量较大，显示了其在风电领域的强大实力；华能同样是河北省风电产业的重要参与者，其风电项目规模较大，发电量显著；其他风电企业诸如中国中车、金风科技、运达股份、明阳智能、中国能建、晶科能源等，这些企业也都在河北省的风电项目中有所布局，凭借各自的技术和资源优势为河北省的风电产业发展贡献力量。

此外，邯郸市城市投资运营集团有限公司、中核、大唐、国华、龙源等大型企业也都在河北省的风电市场中占据一席之地，它们通过投资建设大型风电场，推动了河北省风电装机规模的持续扩张。

河北省的风力发电量近年来持续增长，成为本省可再生能源发电的重要组成部分。根据公开数据，河北省的风力发电量在2022年和2023年均实现了显著增长。具体来说，2022年1—11月，河北省风力发电量为484.4亿千瓦时，同比增长14.3%；2023年1—9月，河北省风力发电量达到430.2亿千瓦时，同比增长9.0%。

3. 绿电调节项目

面对绿电大规模并网和新能源消纳的挑战和难题，河北省逐步完善和健全绿电消纳利用体系并扎实推进绿电调节项目。主要包括水电蓄能调节、电解水制氢调节等。水电蓄能调节就是通过抽水蓄能，当绿电发电量处于高峰时（电量富余状态时），利用富余部分的电能完成水力资源从低地势向高地势的转移，完成电能向势能的转变；当绿电发电量不能满足用量需求时，再完成高地势水利用本身势能向电能的转换辅助发电。电解水制氢调节与水电蓄能原理类似，也是在电网电量富余时将多余的电能用于电解水制氢，氢能源属于清洁能源，可用于多种场景。[6]

同时，河北省积极推动绿色电力交易和可再生能源绿色电力证书（绿证）交易，建立了较为完善的绿电市场机制。通过绿电交易和绿证交易，电力用户可以购买绿色电力并获得相应的绿证，从而支持清洁能源的发展并提升自身的绿色形象。政府通过出台政策措施，鼓励企业和社会各界积极参与绿电消费和绿证交易，推动能源结构的优化和绿色低碳转型。

4. 绿电发展趋势

2023年冀北电网新能源发电量占比超过发电总量的51%成为电量主体，绿电消费企业占比和企业绿电消费占比均呈现快速增长趋势。截至2023年年底，河北省风电、光伏装机总量突破7296.8亿千瓦时。新能源发电量增加的同时，河北省持续推进和提升新能源电力的接入和消纳能力，为绿电的广泛应用提供了条件。

2024年3月28日修订的《河北省电力条例》明确指出，鼓励和支持利用新能源、清洁能源发电，重点从源头上开发新能源种类，在中间环节为新能源发电并网创造条件，还要让末端用户尽可能使用新能源的电力。

2024年4月24日河北省发展和改革委员会发布了《关于进一步明确绿电绿证交易有关事项的通知》，通知明确指出了四方面要求。第一，进一步扩大绿电交易规模，要求各市发展改革部门、电网企业和电力交易机构要进一步加大宣传引导力度，深入开展绿电、绿证交易政策宣传、业务培训和深入开展绿证宣传和应用推广，逐步扩大新能源入市比例，研究推动分布式新能源进入市场，提高绿电供给水平。第二，持续提升绿电绿证交易服务水平，具体包括：做好市场成员注册服务以保证参与绿电交易的各类电力用户、售电公司和新能源发电企业与国家电网营业区内电力用户注册方式保持一致；做好绿电交易组织服务，为市场主体参与绿电交易提供交易平台，提供绿色电力交易申报、交易结果查看、结算结果查看及确认等服务；做好绿证交易规范服务，促进电力交易机构研究完善绿证交易方式，推动绿证交易采取双边协商、挂牌、集中竞价等方式进行；做好绿证核发划转服务，确保及时向购买绿电的电力用户划转绿证工作。第三，强化绿电优先地位，电网企业和电力交易机构要执行绿电交易优先组织、优先调度和优先结算。同时，做好省间与省内交易衔接，推动中央企业、地方国有企业、机关和事业单位发挥先行带头作用，稳步提升绿电消费比例。第四，加强组织实施，各市发展改革部门、电网企业和电力交易机构要坚决落实国家对服务能源安全保供和绿色低碳转型的各项要求，扎实做好绿电、绿证交易宣传推广和组织实施工作。电力交易机构要不断优化提升绿电交易组织、交易结算、信息披露、平台建设等工作。

国家政策对绿电发展持有高度积极且明确的预期，致力于通过一系列综合措施推动绿电产业的蓬勃发展。这些措施涵盖了构建新型电力系统以提升绿电消纳能力，鼓励和支持清洁能源投资以降低生产成本和提高竞争力，完善市场机制以形成更加公平透明的电力市场环境，以及加强国际合作以共享技术和经验应对全球性挑战。这些政策导向不仅为绿电产业提供了有力的保障和支持，也预示着绿电在我国能源结构中的地位将不断提升，为实现清洁低碳、安全高效的能源体系目标奠定坚实基础。

总体来讲，河北省绿电发展势头迅猛，形势良好，不仅形成了多能互补的能源格局，还形成了冀北清洁能源基地，健全了新能源消纳利用体系等。由此，河北省铁路实现绿色发展具备实施基础和实施条件。

三、河北省铁路绿电融合发展

河北省的发电企业涵盖了多种能源形式，其中包括火电、风电、光伏发电等。这些能源形式共同为河北省铁路系统提供了电力支持，并且在绿色电力的转型中发挥了重要作用。风电方面，河北金风科技有限公司和河北电力开发公司通过在风力资源丰富的区域建设风电项目，提供了可再生电力。光伏发电也在河北省得到了广泛应用，河北光伏能源有限公司和河北省新能源发展有限公司通过光伏发电项目为铁路系统注入了绿色电力。

河北省铁路网络广泛且复杂，包括高铁、普速铁路和城市轨道交通。铁路系统对电力的需求量大且稳定，因此绿色电力资源的布局和铁路网络的分布需要进行有效匹配。河北省的风电和光伏资源主要集中在北部和西部地区（如张家口和保定），而铁路网络则遍布全省，这就要求电力系统具备强大的传输和配电能力，以确保绿色电力能够可靠地供给铁路系统。风电和光伏发电的间歇性特征使其需要与火电等稳定电力来源结合，以平衡电力供应的稳定性。火电为电力系统提供了稳定的基本负荷电力，而风电和光伏发电则能够在其发电时段提供绿色电力，这种多样化的电力来源组合对于满足铁路系统的稳定电力需求至关重要。

在河北省铁路系统中，绿色电力的使用占比正在逐步提升。铁路部门通过积极采购风电、光伏电力，推动绿色电力的应用。虽然具体的绿色电力占比会受到政策变化和市场条件的影响，但河北省在推动铁路系统绿色电力使用方面已经取得了一定的进展。政策的支持、技术的进步和绿色电力资源的增加，预示着未来河北省铁路系统的绿色电力占比将继续增长。总的来说，河北省在提高铁路系统绿色电力占比方面做出了显著努力，并且这一趋势将在未来得到进一步加强，为实现低碳和可持续的铁路运输做出贡献。

第四节 河北省铁路绿色发展典型范例

一、雄安站光伏发电

河北省雄安高铁站通过在站房屋顶安装多晶硅光伏板，实现了能源自给自足的同时，具备了向电网出售电力及碳排放权的双重功能。具体而言，雄安高铁站站房屋顶分布式光伏发电项目集成了1.77万块多晶硅光伏板，覆盖面积达到4.2万平方米。在日照条件下，这些光伏板能够高效转换太阳能为绿色电能，年发电量可达580万千瓦时。该发电模式不仅满足了雄安高铁站的电力需求，还通过"自发自用、余电上网"的策略，将剩余电力出售给电网，从而创造了经济价值。

值得注意的是，多晶硅光伏板的安装并非简单地覆盖，而是与雄安站的整体建筑风格相融合，共同彰显了雄安站的建筑美学。这种建筑一体化设计不仅提升了光伏板的能效，还增强了建筑的审美价值和功能性。

雄安站的光伏项目还充分融合了城市智慧能源管控系统、智慧能源等多种创新元素，实现了光伏发电系统的综合监测、智慧调控、分析决策等功能，进一步提升了项目的智能化水平。这一项目的实施，不仅优化了区域能源结构，还有助于推动雄安新区的绿色低碳发展。

河北省雄安高铁站通过在站房屋顶铺设多晶硅光伏板，不仅达到了绿色能源生产和经济效益提升的双重目标，还体现了建筑设计与环保理念的和谐统一。

二、崇礼铁路绿化设计

在河北省崇礼铁路的绿化设计中，生态环保与美观性得到了充分的重视。通过科学的规划与精细的施工，实现了绿化与铁路建设的和谐统一。作为北京2022年冬奥会的配套工程，崇礼铁路的绿化设计不仅对铁路沿线的生态环境具有重要意义，也是展示冬奥会绿色理念的关键环节。在绿化设计的实施过程中，深入贯彻了"绿水青山就是金山银山"的环保理念，针对崇礼铁路沿线的气候生态特征，制定了专门的施工方案。绿化设计措施涵盖了更换营养土植树、挑选适应当地土壤生长环境的苗木、建立草籽育苗和树苗移植培育实验室进行试验研究等。这些措施旨在提升苗木的存活率，确保绿化效果的持久性和美观性。同时，在绿化施工过程中，严格控制了施工扬尘、生活垃圾对植被的污染，并对机械设备产生的油泥、废料等进行了统一回收处理，全面体现了对生态环境的保护。

此外，崇礼铁路的绿化工程亦重视与周边环境的和谐统一。例如，在路基沿线边坡、桥梁下部、隧道进出口等区域，均实施了精细的绿化设计，使得铁路与周边环境相得益彰，共同构筑了一道引人注目的风景线。

河北省崇礼铁路绿化设计工作深入贯彻了生态环保理念，实施过程中特别注重美观性与周边环境的和谐协调。该绿化项目成为铁路建设与生态环境保护和谐统一的典范，充分展现了现代铁路工程在追求功能性的同时，与自然环境相融合，创造出既实用又具有观赏价值的绿色交通走廊。

三、铁路专用线

1. 唐山东海钢铁集团专用线

唐山东海钢铁集团有限公司所实施的"公转铁"专用线项目，总投资额8.07亿元人民币，实现了与七滦铁路雷庄站的接轨，并向东延伸新建了东海装卸场，铺设轨道总长度为14.2千米。该项目在经济领域具有显著意义，同时在环境保护方面亦发挥着至关重要的作用。

该项目作为河北省促进绿色发展、减轻环境污染和缓解道路拥堵的关键措施，其核心目标在于通过铁路专用线的建设实现钢铁企业大宗货物运输方式从公路向铁路的转移，从而显著降低运输过程中的碳排放和环境污染。

该项目已被纳入河北省重点项目清单。作为唐山市实施"蓝天保卫战"的核心工程，该项目的竣工和投入使用将显著减少钢铁企业大宗货物运输对公路造成的扬尘和交通拥堵，对改善当地大气环境质量、推动可持续发展具有重大意义。它将为唐山市乃至河北省的绿色发展提供有力支撑。

此外，该项目在实施过程中也高度重视环境保护和可持续发展原则，确保整个运输过程在封闭系统内进行，对周边环境无任何负面影响。同时，它还有效减少了周边地区的重型汽车运输量，不仅优化了公路运输结构，还缓解了交通拥堵和扬尘问题。

该专用线采用了翻车机房。机房采用封闭式设计，以实现卸车作业，有效防止了尘土飞扬。铁路翻车机房的设计允许列车运载的货物直接驶入机房内部。在机房内部，货物通过翻车机被转移到传送系统，并最终分配至各个料仓。整个运输及卸载流程均在封闭系统内完成，确保了对周边环境无任何不良影响。由于卸载作业在封闭环境中进行，显著降低了因卸载作业产生的尘土飞扬问题。铁路翻车机房的封闭式卸车设计，无疑对环境保护和空气质量的改善起到了积极的促进作用。

2.石家庄敬业集团铁路专用线

敬业集团铁路专用线项目是一条全长22.5千米的电气化铁路专用线。该专用线起始于朔黄铁路西柏坡站，途经平山县多个乡镇，最终抵达线路终点敬业集团敬业站。

该专用线是一条实现污染物零排放的电气化铁路，设计速度为80km/h，具有显著的环保效益。通车后，敬业集团的矿粉等原料及钢材等大宗货物实现"公转铁""门到门"运输，大幅减少重型货车通行，有效降低道路扬尘和汽车尾气排放。

铁路专用线投运后，每年减少约130万辆次重型货车通行，减少40余万吨二氧化碳排放，显著降低了道路运输的碳排放和环境污染。

四、"公转铁"综合案例

河北省交通运输厅与河北省发展改革委、中国铁路北京局集团有限公司等18

个单位共同建立了河北省推进运输结构调整工作联席会议制度，明确了各部门的职责与工作规则，形成了"市场主导、政府推动、部门联动"的工作机制。该机制有效地促进了交通物流成本降低、质量提升和效率增加。主要成效体现在以下四个方面：

（1）加速推进港口集疏运铁路专用线的建设。2018—2024年期间，全省将建成7条港口集疏运铁路专用线，总里程达到270千米，新增铁路疏港能力2900万吨，减少矿石疏港公路运输量2000万吨。截至2024年8月，河北省煤炭集港已全面实现铁路运输，曹妃甸、黄骅等4个专业化矿石码头均已完成铁路装车系统或配套皮带廊道的建设。2023年，河北省港口保持煤炭100%铁路、水路集港，煤炭、矿石等大宗货物绿色清洁运输疏港比例达到91.5%，提前完成了国家下达的80%任务目标。

（2）加快企业园区铁路专用线的建设。2018—2024年期间，河北省将建成18条铁路专用线，总里程达到132.7千米，服务6个物流园区和26家企业。河北省100家年运量150万吨以上的大型工矿企业和新建物流园区中的82家已接入铁路专用线。

（3）创新"港口+内陆港"多式联运体系。河北省推进石家庄国际陆港、京雄保国际智慧港、衡水国际陆港、定州国际陆港等联运型综合货运枢纽建设，开通"保定—秦皇岛—仁川"铁水联运线路，通过内陆无水港集结零散货源后，列车直达港口码头，实现规模化集海港。创新集装箱不落地直接装船模式，实现车船无缝衔接，集港环节缩短3天以上。多式联运集装箱运量由2017年的16.8万标箱增至2023年的89.5万标箱，年均增长33.7%。

（4）加大资金支持力度。河北省交通运输厅联合河北省财政厅等部门共同制定了一系列支持政策，包括国际标准集装箱车辆通行费减免、沿海港口发展补助、重点城市重型柴油货车新能源替代试点、网络货运行业奖励、道路货运企业发展奖励等，有力地促进了综合运输绿色低碳转型发展的进程。

参考文献

[1] 黄贺林, 苏凤虎. "双碳"目标下河北省工业低碳转型对策建议[J]. 新型工业化理论与实践, 2024, 1(4): 113-125.

[2] 易中理, 辛娜. 资源型产业在环境规制下的产业结构优化升级研究[J]. 企业技术开发, 2017, 36(12): 1-3+25.

[3] 翟进艺, 裴继东, 王婕雯. 双碳背景下河北省碳排放强度影响因素分析及预测研究[J]. 统计与管理, 2022, 37(6): 43-52.
[4] 吉正敏, 王鑫惠, 张雪青. 我国第三产业结构与就业结构协调发展研究[J]. 经济研究导刊, 2023(10): 1-5.
[5] 田璞, 鲁垠涛, 邱圣明, 等. 京津冀地区铁路运输碳排放特征和减排潜力研究[J]. 铁道标准设计, 2023, 1-10.
[6] 冯阳. 把绿色能源打造成绿色发展新引擎[N]. 河北日报, 2023-11-20(1).